Q&A士業のための 改正 個人情報保護法とマイナンバー法の対応と接点

個人情報保護委員会事務局
総務課上席政策調査員
税理士
鈴木 涼介

個人情報保護委員会事務局
総務課政策企画調査官
弁護士
齊藤 圭太

清文社

はじめに

「個人情報の保護に関する法律」（平成15年法律第57号。以下「個人情報保護法」といいます。）は、平成15年５月23日に成立（同月30日公布）し、平成17年４月１日に施行されましたが、施行後10年余りの間に、情報通信技術が飛躍的に発展し、膨大な個人情報が取り扱われるようになった結果、個人の権利利益を保護する必要性が高まるとともに、個人情報の利活用環境の整備などが必要になってきました。

また、「社会保障・税番号制度」（マイナンバー制度）の根拠法である「行政手続における特定の個人を識別するための番号の利用等に関する法律」（平成25年法律27号。以下「番号法」といいます。）が平成25年５月24日に成立（同月31日公布）し、平成28年１月から社会保障、税及び災害対策に関する事務で個人番号（マイナンバー）の利用が開始されました。

このような中、個人情報保護法と番号法を改正する「個人情報の保護に関する法律及び行政手続における特定の個人を識別するための番号の利用等に関する法律の一部を改正する法律」が、平成27年９月３日に成立（同月９日公布）し、段階的に施行されています。

この改正により、いわゆる「5,000人要件」が撤廃されることから、従来、個人情報保護法の適用対象となっていなかった事業者についても同法が適用され、個人情報を取り扱う際には、同法で定められたルールに従うこととなります。また、個人情報保護法と番号法は、一般法と特別法の関係にあることから、マイナンバーを取り扱う際には、それぞれの法律の適用関係を理解しておく必要があります。

本書は、近時の改正・施行によって注目を集めている２つの法律に関してＱ＆Ａ方式で解説をすると共に、一般法と特別法が交錯する領域についても、可能な限り解説を加えている点に特徴があります。具体的には、弁護士や税理士などの士業が“顧問先等へのアドバイスで求められる個人情報保護法の一般的な知識”を解説しつつ、マイナンバーを日常的に取り扱う税理士が押さえておきたい“個人情報とマイナンバーとの接点”をわかりやすく解説しています。

本書の構成は以下のとおりです。

まず、第１章では、個人情報保護法や同法の改正の経緯・概要、同法と番号法の関係性等を解説しています。

第２章では、実務において必要となる個人情報保護法の一般的な知識に関して、その改正内容も踏まえて、条文やガイドラインの内容を中心に解説しています。

最後に、第３章では、個人情報保護法や番号法特有の用語を整理するとともに、個人情報、個人データ及び保有個人データに関するルールとマイナンバーの接点について解説しています。

なお、本書のうち意見にわたる部分は筆者の個人的見解にすぎず、個人情報保護委員会の公的見解ではない点にご留意ください。

最後になりますが、本書の執筆に際しては、多くの方のお力をお借りしました。其田真理個人情報保護委員会事務局長には、個人情報保護のあるべき方向性をご指導いただくとともに、個人情報を取り扱う士業に求められる役割についてご示唆いただきました。上田航平同事務局総務課係員には、マイナンバーの取扱いを中心に、的確なご指摘をいただきました。株式会社清文社の方々には、刊行全般について大変お世話になりました。これらの方々に、心から感謝を申し上げます。

平成29年３月

鈴木　涼介

齊藤　圭太

目次

第1章 ┃ 総論

第2章 士業のための「個人情報保護法の基本」

第３章　税理士は押さえておきたい！個人情報保護法とマイナンバーの接点

凡　例

本書において、カッコ内における法令等については、次の略称を使用しています。

【法令名略称】

番号法……行政手続における特定の個人を識別するための番号の利用等に関する法律（平成25年法律第27号（最終改正 平成28年法律第86号））

番号令……行政手続における特定の個人を識別するための番号の利用等に関する法律施行令（平成26年政令第155号（最終改正 平成28年政令第332号））

番号規……行政手続における特定の個人を識別するための番号の利用等に関する法律施行規則（平成26年内閣府・総務省令第３号（最終改正 平成28年内閣府・総務省令第２号））

カード規…行政手続における特定の個人を識別するための番号の利用等に関する法律の規定による通知カード及び個人番号カード並びに情報提供ネットワークシステムによる特定個人情報の提供等に関する省令（平成26年総務省令第85号（最終改正 平成28年総務省令第99号））

個情法……個人情報の保護に関する法律（平成15年法律第57号（最終改正 平成28年法律第51号））

個情令……個人情報の保護に関する法律施行令（平成15年政令第507号（最終改正 平成28年政令第324号））

個情規……個人情報の保護に関する法律施行規則（平成28年個人情報保護委員会規則第３号）

個情法ガイドライン（通則編）…個人情報の保護に関する法律についてのガイドライン（通則編）（平成28年個人情報保護委員会告示第６号）

個情法ガイドライン（外国提供編）…個人情報の保護に関する法律についてのガイドライン（外国にある第三者への提供編）（平成28年個人情報保護委員会告示第７号）

個情法ガイドライン（第三者提供編）…個人情報の保護に関する法律についてのガイドライン（第三者提供時の確認・記録義務編）（平成28年個人情報保護委員会告示第８号）

個情法ガイドライン（匿名加工編）…個人情報の保護に関する法律についてのガイドライン（匿名加工情報編）（平成28年個人情報保護委員会告示第９号）

マイナンバーガイドライン… 特定個人情報の適正な取扱いに関するガイドライン（平成26年特定個人情報保護委員会告示第５号（最終改正　平成27年特定個人情報保護委員会告示第７号））

マイナンバーガイドラインＱ＆Ａ…「特定個人情報の適正な取扱いに関するガイドライン（事業者編）」及び「（別冊）金融業務における特定個人情報の適正な取扱いに関するガイドライン」に関する Q&A

＜記載例＞

番号法17①：行政手続における特定の個人を識別するための番号の利用等に関する法律第17条第１号

番号規12①一：行政手続における特定の個人を識別するための番号の利用等に関する法律施行規則第12条第１項１号

＊個人情報保護法及び番号法については、「個人情報の保護に関する法律及び行政手続における特定の個人を識別するための番号の利用等に関する法律の一部を改正する法律」（平成27年法律第65号）第２条、第３条、第５条及び第６条の施行日である「平成29年５月30日」を基準日とし、原則として、基準日前の条文又は基準日以後の条文のうち改正若しくは条・号ずれしていない条文を示す場合は「個情法」及び「番号法」、基準日以後の条文のうち改正又は条・号ずれしている条文を示す場合は「新個情法」及び「新番号法」としています。

＊本書の内容は、平成29年３月１日現在の法令等によっています。

用語の定義等

本書において使用している各用語の定義等は以下のとおりです。

個人情報	個人情報とは、生存する個人に関する情報であって、次のいずれかに該当するものをいいます（個情法２①）。 ①当該情報に含まれる氏名、生年月日その他の記述等（文書、図画若しくは電磁的記録(注)に記載され、若しくは記録され、又は音声、動作その他の方法を用いて表された一切の事項（個人識別符号を除きます。）をいいます。）により特定の個人を識別することができるもの（他の情報と容易に照合することができ、それにより特定の個人を識別することができることとなるものを含みます。） ②個人識別符号が含まれるもの （注）　電磁的記録とは、電磁的方式（電子的方式、磁気的方式その他人の知覚によっては認識することができない方式をいいます。）で作られる記録をいいます。
個人番号	個人番号とは、住民票コード（住民基本台帳法７条13号に規定する住民票コード。以下同じです。）を変換して得られる番号であって、その住民票コードが記載された住民票に係る者を識別するために指定されるものをいいます（番号法２⑤。狭義の個人番号）。 番号法では、この狭義の個人番号のほか、その個人番号に対応し、代わって用いられる符号も含めて「個人番号」として、様々な保護措置の対象としています。
特定個人情報	特定個人情報とは、個人番号をその内容に含む個人情報をいいます（番号法２⑧）。ここでいう「個人番号」には、狭義の個人番号のほか、その個人番号に対応し、代わって用いられる符号も含まれます。
特定個人情報等	特定個人情報等とは、個人番号及び特定個人情報の２つをまとめた用語です。ここでいう「個人番号」には、狭義の個人番号のほか、その個人番号に対応し、代わって用いられる符号も含まれます。 番号法などの法律用語ではありませんが、マイナンバーガイドラインで用いられている用語です。

個人情報データベース等	個人情報データベース等とは、個人情報を含む情報の集合物であって、次に掲げるもの（利用方法からみて個人の権利利益を害するおそれが少ないものとして政令で定めるものを除きます。）をいいます（個情法2④）。 ①特定の個人情報を電子計算機を用いて検索することができるように体系的に構成したもの ②前号に掲げるもののほか、特定の個人情報を容易に検索することができるように体系的に構成したものとして個人情報保護法施行令で定めるもの
個人情報ファイル	個人情報ファイルとは、行政機関個人情報保護法２条４項に規定する個人情報ファイルであって行政機関が保有するもの、独立行政法人等個人情報保護法２条４項に規定する個人情報ファイルであって独立行政法人等が保有するもの、個人情報保護法２条４項に規定する個人情報データベース等であって行政機関及び独立行政法人等以外の者が保有するものをいいます（番号法2④）。
特定個人情報ファイル	特定個人情報ファイルとは、個人番号をその内容に含む個人情報ファイルをいいます(番号法2⑨)。ここでいう「個人番号」には、狭義の個人番号のほか、その個人番号に対応し、代わって用いられる符号も含まれます。
法人番号	法人番号とは、特定の法人その他の団体を識別するための番号として指定されるものをいいます（番号法2⑮）。
個情法ガイドライン（通則編）	個情法ガイドライン（通則編）とは、「個人情報の保護に関する法律についてのガイドライン（通則編）」（平成28年個人情報保護委員会告示第６号）をいいます。
個情法ガイドライン（外国提供編）	個情法ガイドライン（外国提供編）とは、「個人情報の保護に関する法律についてのガイドライン（外国にある第三者への提供編）」（平成28年個人情報保護委員会告示第７号）をいいます。
個情法ガイドライン(第三者提供編)	個情法ガイドライン（第三者提供編）とは、「個人情報の保護に関する法律についてのガイドライン（第三者提供時の確認・記録義務編）」（平成28年個人情報保護委員会告示第８号）をいいます。

個情法ガイドライン（匿名加工編）	個情法ガイドライン（匿名加工編）とは、「個人情報の保護に関する法律についてのガイドライン（匿名加工情報編）」（平成28年個人情報保護委員会告示第９号）をいいます。
マイナンバーガイドライン	マイナンバーガイドラインとは、「特定個人情報の適正な取扱いに関するガイドライン（事業者編）」（特定個人情報保護委員会告示第５号）をいいます。 （注）　マイナンバーガイドラインには、上記のほか、「（別冊）金融業務における特定個人情報の適正な取扱いに関するガイドライン」（特定個人情報保護委員会告示第５号）、「特定個人情報の適正な取扱いに関するガイドライン（行政機関等・地方公共団体等編）」（特定個人情報保護委員会告示第６号）があります。
マイナンバーガイドラインＱ＆Ａ	マイナンバーガイドラインＱ＆Ａとは、「特定個人情報の適正な取扱いに関するガイドライン（事業者編）」及び「（別冊）金融業務における特定個人情報の適正な取扱いに関するガイドライン」に関するＱ＆Ａ」（個人情報保護委員会）をいいます。

第1章

総　論

I　個人情報保護法の概要及び改正

Q1　個人情報保護法とは、どのような法律ですか。

A　個人情報保護法は、個人情報の適正な取扱いに関し、国及び地方公共団体の責務等を明らかにするとともに、個人情報を取り扱う事業者の遵守すべき義務等を定めることにより、個人情報の有用性に配慮しつつ、個人の権利利益を保護することを目的とする法律です。

1　個人情報保護法の成立・施行

「個人情報の保護に関する法律」（平成15年法律57号）（以下、本章において「平成15年個人情報保護法」といいます。）は、平成15年５月23日に国会で成立、同月30日に公布され、平成17年４月１日に施行されました。

2　個人情報保護法が成立した背景・目的

平成15年個人情報保護法が成立した背景として、情報通信技術の発展によって、大量の個人情報の流通、蓄積、利用等が容易に行われるようになった結果、個人情報の漏えいや不正利用等の危険性が高まったため、個人の権利利益の保護の必要性が高まったことが挙げられます。

平成15年個人情報保護法は、その目的として「高度情報通信社会の進展に伴い個人情報の利用が著しく拡大していることにかんがみ、個人情報の適正な取扱いに関し、基本理念及び政府による基本方針の作成その他の個人情報の保護に関する施策の基本となる事項を定め、国及び地方公共団体の責務等を明らかにするとともに、個人情報を取り扱う事業者の遵守すべき義務等を定めることにより、個人情報の有用性に配慮しつつ、個人の権利利益を保護すること」を定めています（平成15年個人情報保護法１）。

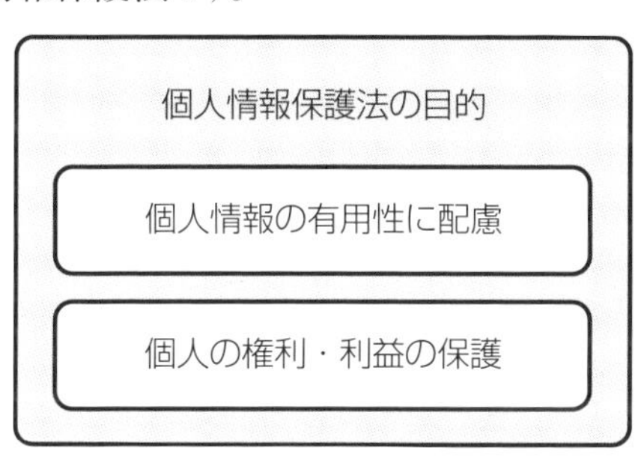

3　平成15年個人情報保護法の骨子

平成15年個人情報保護法は、基本法部分（第１章から第３章）及び一般法部分（第４章から第６章）で構成されています。基本法部分である第１章から第３章では、国や地方公共団体の責務等を定め、個人情報の保護に関する施策を総合的に推進するための基本的枠組を整備しています。

また、一般法部分である第４章では民間の事業者（個人情報取扱事業者）に適用される義務を定めることにより個人情報の取扱いに関する規制を定めています。なお、第４章は民間の事業者を適用対象としており、国の行政機関や独立行政法人等又は地方公共団体（都道府県、市町村等）を適用対象としていません。国の行政機関には「行政機関の保有する個人情報の保護に関する法律」が適用され、独立行政法人等には「独立行政法人等の保有する個人情報の保護に関する法律」が、地方公共団体（都道府県、市町村等）には各地方公共団体が定める個人情報の保護に関する条例等が適用されることになります。

さらに、一般法部分である第５章で雑則、第６章では罰則を定めています。

＜平成15年個人情報保護法の骨子＞

基本法部分	第１章～第３章	国や地方公共団体の責務等や個人情報保護に関する施策等
一般法部分	第４章	個人情報取扱事業者の義務等
	第５章	雑則
	第６章	罰則

Q2　個人情報保護法はいつ改正されたのですか。また、いつから施行されるのですか。

A　**平成27年９月９日に個人情報保護法を改正する法律が公布されました。平成28年１月１日に一部が施行され、平成29年５月30日に全面施行されます。**

1 個人情報保護法の改正の概要

平成27年９月３日「個人情報の保護に関する法律及び行政手続における特定の個人を識別するための番号の利用等に関する法律の一部を改正する法律」（以下、本章において「改正法」といいます。）が国会で成立し、同月９日に公布されました。

改正法のうち、個人情報保護法と関連するのは、改正法１条から３条となります。その概要について、以下の表にまとめました。

＜改正法の概要＞

改正法１条	・個人情報保護委員会に関する条文の新設
改正法２条	・個人情報の定義の明確化に関する条文の新設 ・適切な規律の下で個人情報等の有用性の確保に関する条文の新設 ・適正な個人情報の流通の確保に関する条文の新設 ・個人情報保護委員会の権限に関する条文の新設 ・個人情報の取扱のグローバル化に関する条文の新設 ・認定個人情報保護団体の活用に関する条文の新設
改正法３条	改正法の施行に伴う条文番号の変更に関する条文の新設

2 改正法の施行日

改正法の施行日については、政令で定められることになっていますが、段階的に施行されることになっています。

改正法１条に関しては、平成28年１月１日に施行されました。改正法２条及び３条に関しては、平成29年５月30日に施行されます。

Q3　個人情報保護法が改正されるに至った経緯・背景を教えてください。

A　個人情報保護法の成立・施行から10年余りが経過し、その間に情報通信技術が飛躍的に発展し、膨大な個人情報が取り扱われるようになった結果、個人の権利利益を保護する必要性が高まるとともに、個人情報の利活用環境を整備することが必要になったこと等が改正の経緯・背景にあります。

1　平成15年個人情報保護法の改正の必要性

平成15年個人情報保護法の成立・施行から10年余りが経過し、その間、大きな改正はありませんでした。

もっとも、平成15年個人情報保護法が成立・施行された後、次のような事情の変化がありました。

① 情報通信技術が飛躍的に進展したことに伴い、平成15年個人情報保護法制定当時には想定されなかった膨大な個人情報等の利活用がなされるようになったこと

② 個人情報に該当するかどうかの判断が困難ないわゆる「グレーゾーン」が拡大したこと

③ 主務大臣制の下、事業分野ごとに個人情報取扱事業者の監督がなされてきた結果、個人情報取扱事業者は、複数の事業分野にまたがる事業について、それぞれの主務大臣から重畳的に報告を求められたり、また、主務大臣が明確に定まらない等、柔軟かつ機動的な対応ができなかったこと

④ 個人情報が国境を越えてやりとりされるようになり、グローバル化に対応した制度の見直しが必要となったこと

⑤ パーソナルデータの円滑な利活用を促進させ、新産業・新サービスの創出を実現するための環境の整備を実現する必要性も高

まったこと

2 平成15年個人情報保護法の改正の経緯

1 高度情報通信ネットワーク社会推進戦略本部

平成25年９月、内閣府は、パーソナルデータに関する利活用ルールの明確化等に関する調査及び検討を目的として、「高度情報通信ネットワーク社会推進戦略本部」（以下「IT 総合戦略本部」といいます。）の下に「パーソナルデータに関する検討会」（以下「検討会」といいます。）（事務局：内閣官房情報通信技術（IT）総合戦略室パーソナルデータ関連制度担当室）を設置しました。

2 パーソナルデータの利活用に関する制度改正大綱

IT 総合戦略本部は、検討会における検討を踏まえて、平成25年12月20日付「パーソナルデータの利活用に関する制度見直し方針」を公表し、平成26年６月24日付「パーソナルデータの利活用に関する制度改正大綱」を公表しました。

3 個人情報保護法の改正

内閣官房情報通信技術（IT）総合戦略室パーソナルデータ関連制度担当室が、平成26年12月19日付「パーソナルデータの利活用に関する制度改正に係る法律案の骨子（案）」を取りまとめるとともに、これを基に立案作業を進めた結果、平成27年３月10日、「個人情報の保護に関する法律及び行政手続における特定の個人を識別するための番号の利用等に関する法律の一部を改正する法律案」が閣議決定されました。同日、その法律案が第189回国会に提出され、同年９月３日に成立、同月９日公布されました。

Q 4　個人情報保護法の改正の概要を教えてください。

A　平成28年1月1日に施行された個人情報保護法の改正によって、個人情報保護委員会に関する条文が新設されました。

また、平成29年5月30日に施行される新個人情報保護法の改正の概要は、以下のとおりです。

① 個人情報の定義の明確化等
② 適切な規律の下で個人情報等の有用性を確保
③ 適正な個人情報の流通を確保
④ 個人情報保護委員会の権限
⑤ 個人情報の取扱いのグローバル化
⑥ 認定個人情報保護団体の活用

1 個人情報保護法の主な改正の概要（平成28年1月1日施行）

1 個人情報保護委員会の設置

平成15年個人情報保護法では、消費者庁が同法を所管する一方で、各主務大臣がその所管する事業分野の個人情報取扱事業者の監督を行っていました。その結果、1つの個人情報取扱事業者に対して複数の主務大臣による重畳的な監督が行われることがありました。また、EU 諸国をはじめとする諸外国では、個人情報の保護を一元的に担当する独立した監督機関を設置している例が多いという状況でした。

そこで、個人情報の保護に関する独立した監督機関を設置し、個人情報保護法の所管及び同法に基づく監督を一元化するために、平成28年1月1日に施行された個人情報保護法に基づいて、平成28年1月1日付で、内閣府の外局として個人情報保護委員会が設置されました（個情法50、新個情法59）。

2　罰則の新設

個人情報保護委員会の委員長、委員、専門員及び事務局の職員が、職務上知ることのできた秘密を漏らす等した場合に、罰則が定められました（個情法73、新個情法82）。

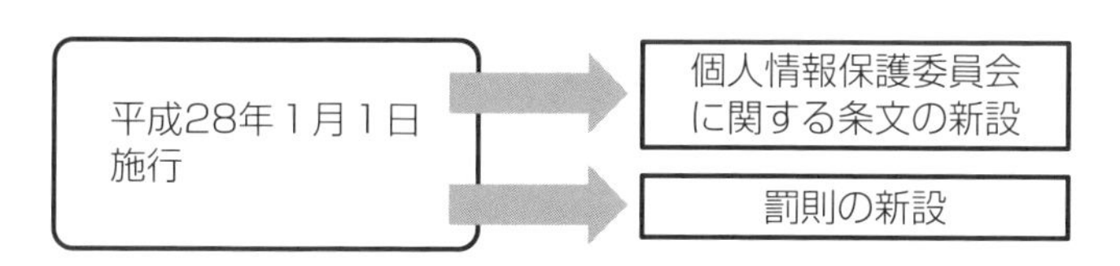

2　新個人情報保護法の主な改正の概要（平成29年５月30日施行）

1　個人情報の定義の明確化等

❶　個人識別符号（新個情法２①二）

個人情報の定義として、新たに「個人識別符号」が定められました。ある情報単体で、その情報が有する意味内容から特定の個人を識別することができるものについては、「個人識別符号」として政令で定めることとし、個人識別符号が含まれるものは個人情報に該当することが明記されました。

❷　要配慮個人情報（新個情法２③）

人種や信条等の個人情報は、その取扱いによっては差別や偏見を生じるおそれがあることから、特に慎重な取扱いが求められる個人情報に関して「要配慮個人情報」と類型化し、個人情報とは異なる規制が定められました。

❸　個人情報取扱事業者に関する除外規定の廃止

個人情報保護法では、個人情報データベース等を事業の用に供する者であっても、過去６か月以内のいずれの時点でも5,000件を超えない個人情報しか取り扱っていない場合には、「個人情報取扱事業者」

に該当せず、個人情報保護法の規制対象から除外することとしていましたが、新個人情報保護法の全面施行によって、この適用除外規定が廃止されることになります。

そのため、これまで、個人情報保護法の規制対象から外れていた事業者も、新個人情報保護法が施行された後は、「個人情報取扱事業者」として規制が及ぶことになります。

2　適切な規律の下で個人情報等の有用性を確保

❶　利用目的の変更要件の緩和（新個情法15②）

当初の利用目的から新たな利用目的への変更の要件が緩和されました。

❷　匿名加工情報（新個情法２⑨）

新個人情報保護法では、本人の権利利益を侵害することなく個人データを利活用することを可能とする仕組みとして、新たに「匿名加工情報」が定められました。

「匿名加工情報」については、個人情報とは異なる規律が定められ、個人情報よりも自由に利活用することが可能となっています。

3　適正な個人情報の流通を確保

近年、いわゆる名簿業者による個人情報の不適正な取得や売買が問題として指摘され、また、個人情報を取り扱う従業員が顧客個人情報等を不正に持ち出し、大規模な個人情報の漏えい事故等が起きたことにより、適正な個人情報の流通の確保の必要性が求められてきました。

そこで、適正な個人情報の流通の確保のために、オプトアウト手続の厳格化（新個情法23②～④）及び個人データの第三者提供に係る確認・記録義務等（新個情法25、26）が新設されました。

また、不正に個人情報が取り扱われることを防止するために個人情報データベース等不正提供罪（新個情法83）が新設されました。

4 個人情報保護委員会の権限

個人情報保護委員会の権限として、下記のものが定められました。

① 個人情報取扱事業者等及び個人番号を取り扱う者に対する報告徴収、立入検査、指導、助言、勧告及び命令を行う権限（新個情法40～42）

② 認定個人情報保護団体に対する認定、認定取消し、報告徴収及び命令の権限（新個情法47、49、56～58）

＜個人情報保護委員会の権限＞

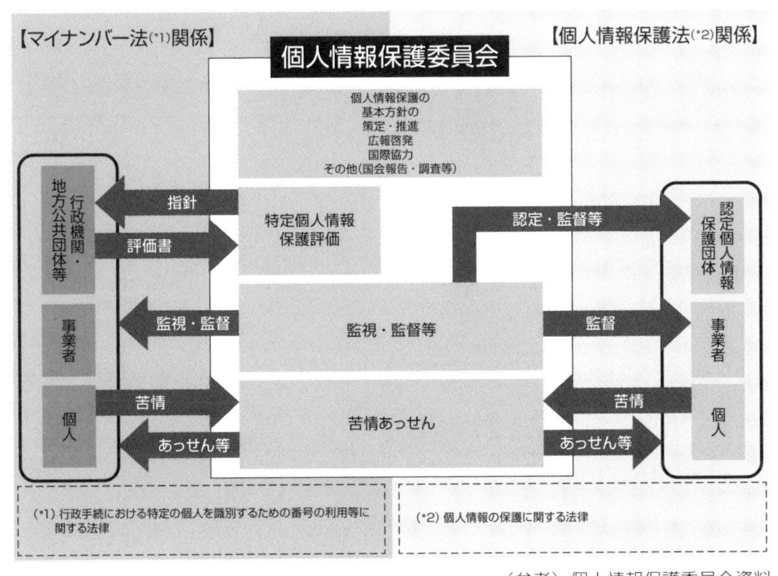

（参考）個人情報保護委員会資料

5 個人情報の取扱いのグローバル化

❶ 域外適用（新個情法75）

個人情報保護法では、外国の事業者に対して個人情報保護法を適用する根拠となる規定がなく、また、属地主義の下、日本の個人情報保護法は、外国の事業者による個人情報の取扱いについては適用されないものと考えられていました。

もっとも、企業活動のグローバル化や国境を超えて個人情報のやりとりがなされている現状では、外国の事業者に対しても個人情報保護法を適用し、個人情報の適正な取扱いを確保する必要が指摘されていました。

そこで、日本の居住者等に対する物品又はサービスの提供に関連して当該居住者等の個人情報を取得した事業者に関しては、一定の規制を及ぼすこととしました。

❷　外国執行当局への情報提供（新個情法78）

日本の個人情報保護法が適用される外国の事業者が、外国において、日本の個人情報保護法に違反した場合であっても、日本の行政機関が、外国の事業者に対し、立入検査や命令といった強制的な権限を行使することは困難といえます。

そこで、日本の行政機関として、外国の事業者が日本の個人情報保護法に違反していることが判明したような場合には、これを是正するための手段として、個人情報保護員会が、個人情報保護法に相当する外国の法令を執行する外国の当局に対して、その外国の法律に基づく執行を依頼することができるようにするために、必要な情報提供を行うための根拠規定が新設されました。

❸　外国事業者への第三者提供（新個情法24）

個人情法保護委員会に則った体制整備をした場合、個人情法保護委員会が認めた国の場合又は本人の同意により個人データを外国の第三者へ提供することが可能であることが明確化されました。

6 認定個人情報保護団体の活用（新個情法53）

認定個人情報保護団体は、個人情報保護指針を作成する際には消費者の意見等を聴くよう努めるとともに、個人情報保護委員会に届け出ることとなります。

また、個人情報保護委員会は、その内容を公表することになります。

さらに、認定個人情報保護団体は、同指針を遵守させるため、対象事業者へ指導・勧告等をしなければなりません。

7 その他（新個情法28～34）

本人が、個人情報取扱事業者に対し、保有個人データの開示、訂正及び利用停止等を求めることに関して、請求権であることが明確化されるとともに、裁判上の救済を求めるに当たっての事前請求の規定が新設されました。

<個人情報保護法の施行と改正内容>

◎個人情報保護法は、２回に分けて施行されます。

施行日①　平成28年１月１日

個人情報保護委員会の新設		独立した機関として、個人情報保護委員会を新設

施行日②　平成29年５月30日

１．個人情報の定義の明確化等	➡	①個人情報の定義の明確化（個人識別符号） ②要配慮個人情報 ③小規模事業者への対応
２．適切な規律の下で個人情報等の有用性を確保	➡	④利用目的の変更要件の緩和 ⑤匿名加工情報

3．適正な個人情報の流通を確保	⑥オプトアウト手続の厳格化 ⑦トレーサビリティの確保 ⑧個人情報データベース等不正提供罪
4．個人情報保護委員会の権限	⑨個人情報保護委員会
5．個人情報の取扱いのグローバル化	⑩国境を越えた法の適用と外国執行当局への情報提供 ⑪外国事業者への第三者提供
6．認定個人情報保護団体の活用	⑫個人情報保護指針
7．その他の改正事項	⑬開示請求権

（参考）個人情報保護委員会資料

Q5　個人情報保護法に関連するガイドラインとは、どのようなものですか。

A　ガイドラインは、各府省や個人情報保護委員会が法令を補足し解説や事例を示すものとして定めるものです。

新個人情報保護法が全面施行されていない現時点において、各府省によって、27の事業分野に関して38本のガイドラインが公表されています。

新個人情報保護法が全面施行された後は、個人情報保護員会が公表する４本のガイドライン（「通則編」、「第三者提供時の確認・記録義務編」、「外国にある第三者への提供編」、「匿名加工情報編」）や個人情報保護委員会が他の省庁と連名等で公表するガイドライン等があります。

1　個人情報保護に関する規律

新個人情報保護法が全面施行されるまでは、個人情報保護に関する規律としては、個人情報保護法、個人情報の保護に関する法律施行令、各府省が定めるガイドラインがあります。

新個人情報保護法が全面施行された後は、個人情報保護に関する規律としては、個人情報保護法、個人情報の保護に関する法律施行令、個人情報保護委員会が定める委員会規則及びガイドライン、並びに個人情報保護委員会と他の省庁が連名等で定めるガイドライン等があります。

2　各府省が公表するガイドライン

新個人情報保護法が全面施行されるまでは、各府省がその所管する事業分野について、ガイドラインを定めており、27分野・合計38本となっていました。

＜各府省のガイドライン一覧＞

分野		所管府省	ガイドラインの名称
医療	一般	厚生労働省	医療・介護関係事業者における個人情報の適切な取扱いのためのガイドライン
			健康保険組合等における個人情報の適切な取扱いのためのガイドライン
			医療情報システムの安全管理に関するガイドライン
			国民健康保険組合における個人情報の適切な取扱いのためのガイドライン
			国民健康保険団体連合会等における個人情報の適切な取扱いのためのガイドライン
	研究	文部科学省 厚生労働省 経済産業省	ヒトゲノム・遺伝子解析研究に関する倫理指針
		厚生労働省	遺伝子治療等臨床研究に関する指針
		文部科学省 厚生労働省	人を対象とする医学系研究に関する倫理指針
外務		外務省	外務省所管事業分野における個人情報保護に関するガイドライン
環境		環境省	環境省所管事業分野における個人情報保護に関するガイドライン
金融・信用	金融	金融庁	金融分野における個人情報保護に関するガイドライン
			金融分野における個人情報保護に関するガイドラインの安全管理措置等についての実務指針
	信用	経済産業省	経済産業分野のうち信用分野における個人情報保護ガイドライン
企業年金		厚生労働省	企業年金等に関する個人情報の取扱いについて
経済産業		経済産業省	個人情報の保護に関する法律についての経済産業分野を対象とするガイドライン
			経済産業分野のうち個人遺伝情報を用いた事業分野における個人情報保護ガイドライン
			医療情報を受託管理する情報処理事業者における安全管理ガイドライン

<table>
<tr><td colspan="2">警察</td><td>国家公安委員会</td><td>国家公安委員会が所管する事業分野における個人情報保護に関する指針</td></tr>
<tr><td colspan="2">国土交通</td><td>国土交通省</td><td>国土交通省所管分野における個人情報保護に関するガイドライン</td></tr>
<tr><td rowspan="3">雇用管理</td><td rowspan="2">一般</td><td rowspan="2">厚生労働省</td><td>雇用管理分野における個人情報保護に関するガイドライン</td></tr>
<tr><td>雇用管理に関する個人情報のうち健康情報を取り扱うに当たっての留意事項について</td></tr>
<tr><td>船員</td><td>国土交通省</td><td>船員の雇用管理分野における個人情報保護に関するガイドライン</td></tr>
<tr><td colspan="2">財務</td><td>財務省</td><td>財務省所管分野における個人情報保護に関するガイドライン</td></tr>
<tr><td rowspan="4">情報通信</td><td>電気通信</td><td>総務省</td><td>電気通信事業における個人情報保護に関するガイドライン</td></tr>
<tr><td>放送</td><td>総務省</td><td>放送受信者等の個人情報の保護に関する指針</td></tr>
<tr><td>郵便</td><td>総務省</td><td>郵便事業分野における個人情報保護に関するガイドライン</td></tr>
<tr><td>信書便</td><td>総務省</td><td>信書便事業分野における個人情報保護に関するガイドライン</td></tr>
<tr><td rowspan="2">職業紹介等</td><td>一般</td><td>厚生労働省</td><td>職業紹介事業者、労働者の募集を行う者、募集受託者、労働者供給事業者等が均等待遇、労働条件等の明示、求職者等の個人情報の取扱い、職業紹介事業者の責務、募集内容の的確な表示等に関して適切に対処するための指針</td></tr>
<tr><td>船員</td><td>国土交通省</td><td>無料船員職業紹介事業者、船員の募集を行う者及び無料船員労務供給事業者が均等待遇、労働条件等の明示、求職者等の個人情報の取扱い、募集内容の的確な表示に関して適切に対処するための指針</td></tr>
<tr><td colspan="2">農林水産</td><td>農林水産省</td><td>農林水産分野における個人情報保護に関するガイドライン</td></tr>
<tr><td colspan="2">福祉</td><td>厚生労働省</td><td>福祉分野における個人情報保護に関するガイドライン</td></tr>
</table>

<table>
<tr><td colspan="2">防衛</td><td>防衛省</td><td>防衛省関係事業者が取り扱う個人情報の保護に関する指針</td></tr>
<tr><td colspan="2" rowspan="2">法務</td><td rowspan="2">法務省</td><td>法務省所管事業分野における個人情報保護に関するガイドライン</td></tr>
<tr><td>債権管理回収業分野における個人情報保護に関するガイドライン</td></tr>
<tr><td colspan="2">文部科学</td><td>文部科学省</td><td>文部科学省所管事業分野における個人情報保護に関するガイドライン</td></tr>
<tr><td colspan="2">労働組合</td><td>厚生労働省</td><td>労働組合が講ずべき個人情報保護措置に関するガイドライン</td></tr>
<tr><td rowspan="2">労働者派遣</td><td>一般</td><td>厚生労働省</td><td>派遣元事業主が講ずべき措置に関する指針</td></tr>
<tr><td>船員</td><td>国土交通省</td><td>船員派遣元事業主が講ずべき措置に関する指針</td></tr>
</table>

※　なお、以上のガイドライン等の他に「警察共済組合が講じるべき個人情報保護のための措置に関する要領（官房長通達）」や「地方公務員共済組合の組合員等に関する個人情報の適正な取扱いを確保するために事業者が講ずべき措置に関する指針（告示）」（総務省）もあります。

3　個人情報保護委員会が公表するガイドライン等

新個人情報保護法が全面施行された後に施行されるガイドラインとして、個人情報保護委員会は、事業者による個人情報の適正な取扱いの確保に関する活動を支援すること及び当該支援により事業者が講ずる措置が適切かつ有効に実施されることを目的に個人情報保護法4条、8条及び51条に基づき具体的な指針を定めています。

個人情報保護委員会は、個人情報保護法に関する一般的な内容として、「個人情報の保護に関する法律についてのガイドライン（通則編）」（個人情報保護委員会告示6号）（以下「個情法ガイドライン（通則編）」といいます。）を公表しています。

さらに、新個人情報保護法24条（外国にある第三者への提供の制限）、同法25条（第三者提供に係る記録の作成等）及び同法26条（第三者提供を受ける際の確認等）並びに第4章第2節（匿名加工情報取扱事業者等の義務）等に関する内容について、分かりやすく一体的に示す観点から、「個人情報の保護に関する法律についてのガイドライン（外国にある第三者への提供編）」（平成28年個人情報保護委員会告示７号）（以下「個情法ガイドライン（外国提供編）」といいます。）、「個人情報の保護に関する法律についてのガイドライン（第三者提供時の確認・記録義務編）」（平成28年個人情報保護委員会告示８号）（以下「個情法ガイドライン（第三者提供編）」といいます。）及び「個人情報の保護に関する法律についてのガイドライン（匿名加工情報編）」（平成28年個人情報保護委員会告示第９号）（以下「個情法ガイドライン（匿名加工編）」といいます。）をそれぞれ定めています。

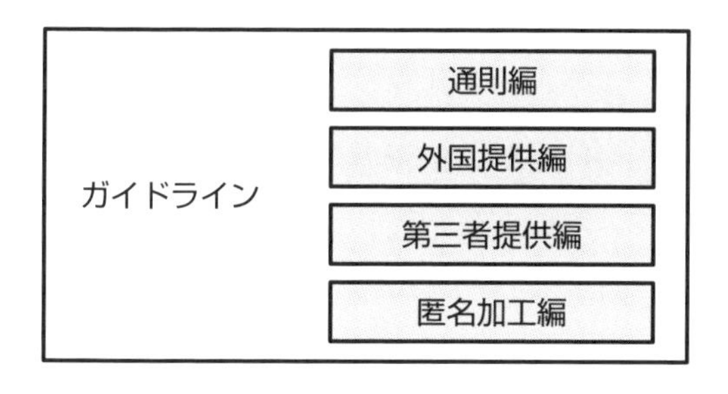

ガイドラインの中で、「しなければならない」及び「してはならない」と記述している事項については、これらに従わなかった場合、個人情報法保護法違反と判断される可能性があります。一方、「努めなければならない」、「望ましい」等と記述されている事項については、これらに従わなかったことをもって直ちに個人情報保護法違反と判断されることはありませんが、事業者の特性や規模に応じ可能な限り対応することが望まれるものとなっています。

また、個人情報保護委員会は、「個人データの漏えい等の事案が発生した場合等の対応について」（平成29年個人情報保護委員会告示１号）において、漏えい事等の事案が発生した場合の対応を定めています。

さらに、個人情報保護委員会は、「『個人情報の保護に関する法律についてのガイドライン』及び『個人データの漏えい等の事案が発生した場合等の対応について』に関するＱ＆Ａ」を公表しています。

4 連名で公表するガイドライン等

新個人情報保護法の施行に伴い、これまで各府省が公表していたガイドラインは、個人情報保護委員会が公表するガイドラインに一元化されますが、金融信用分野、情報通信分野、医療分野に関しては、個人情報保護委員会と他の省庁が連名等でガイドライン等が公表される予定です。上記分野に関しては、以下のガイドライン等も遵守することになります。

本書執筆時点で公表されているのは、以下のガイドライン等です。

【金融庁と連名】

- 「金融分野における個人情報保護に関するガイドライン」
- 「金融分野における個人情報保護に関するガイドラインの安全管理措置等についての実務指針」

【経済産業省と連名】

- 「信用分野における個人情報保護に関するガイドライン」

【法務省と連名】

- 「債権管理回収業分野における個人情報保護に関するガイドライン」

【厚生労働省と連名】

- 「医療・介護関係事業者における個人情報の適切な取扱いのためのガイダンス（案）」
- 「健康保険組合等における個人情報の適切な取扱いのためのガイダンス（案）」
- 「国民健康保険組合における個人情報の適切な取扱いのためのガイダンス（案）」
- 「国民健康保険団体連合会等における個人情報の適切な取扱いのためのガイダンス（案）」

なお、上記各ガイダンスに関しては、平成29年１月31日から平成29年３月１日までの間、意見募集（パブリックコメント）が実施されていました。

【総務省の単独名】

- 郵便事業分野における個人情報保護に関するガイドラインの改正案
- 郵便事業分野における個人情報保護に関するガイドラインの解説の改正案
- 信書便事業分野における個人情報保護に関するガイドラインの改正案
- 信書便事業分野における個人情報保護に関するガイドラインの解説の改正案
- 電気通信事業における個人情報保護に関するガイドラインの改正案
- 電気通信事業における個人情報保護に関するガイドラインの解説の改正案
- 放送受信者等の個人情報の保護に関する指針の改正案
- 放送受信者等の個人情報の保護に関する指針の解説改正の案

なお、上記各ガイドライン等に関しては、平成29年１月17日から平成29年３月１日までの間で、それぞれ意見募集（パブリックコメント）が実施されていました。

Ⅱ　個人情報保護法と番号法

Q１　個人情報保護法と番号法との関係を教えてください。

A　個人情報保護法と番号法は、一般法と特別法との関係にあります。

1　番号法の目的

「行政手続における特定の個人を識別するための番号の利用等に関する法律」（平成25年法律第27号。以下「番号法」といいます。）の目的は、番号法１条に４つ規定されていますが、本書の内容と直接関係するものとして、以下の目的があげられます。

> 個人番号その他の特定個人情報の取扱いが安全かつ適正に行われるよう行政機関個人情報保護法、独立行政法人等個人情報保護法及び個人情報保護法の特例を定めること。

氏名や住所などの特定の個人を識別することができるもの、すなわち「個人情報」の取扱いは、「個人情報保護法」の適用を受けることとなります。

いわゆる「マイナンバー」と呼ばれている「個人番号」やその個人番号と個人情報が紐付いたものである「特定個人情報」（個人番号をその内容に含む個人情報）も、「個人情報」の一部であることから、その取扱いについて個人情報保護法の適用を受けることとなります（個人番号や特定個人情報の定義等は第３章Ⅰ参照）。ただし、「個人番号」は、氏名や住所などの単なる「個人情報」よりも、特定の個人を識別することが容易であることから、それらと同等に取り扱うことは必ずしも適当ではありません。

したがって、番号法は、「個人番号」や「特定個人情報」の取扱いが安全かつ適正に行われるよう、個人情報保護法の特例を定めることを目的の一つとしています。

2 個人情報保護法と番号法

上記1で説明したとおり、番号法は個人情報保護法の特例を定めたものです。より法律的な表現をすると、「個人情報保護法と番号法とは、一般法と特別法との関係にある」ということになります。

一般法とは、人や場所、事項について一般的に定めた法律をいい、特別法とは、特定の人や場所、事項についてのみ限定的に定めた法律をいいます。個人情報保護法は、個人情報の取扱いについて一般的に定めた法律であり、番号法は、個人情報のうち個人番号や特定個人情報の取扱いについてのみ限定的に定めた法律であるということです。

法律の適用関係でみると、特別法は一般法よりも優先して適用されます。したがって、個人情報保護法と番号法との適用関係は以下のとおりとなります。

① 個人情報保護法の規定の特例として、新たに番号法に規定が創設されている場合
⇒ 番号法の規定が適用されます。

② 番号法の規定により個人情報保護法の規定の読み替え又は適用除外がされている場合
⇒ 読替え後の個人情報保護法の規定が適用され又は個人情報

保護法の規定が適用除外とされます。

③　番号法に一切規定がない場合

⇒　個人情報保護法の規定がそのまま適用されます。

したがって、個人番号や特定個人情報（個人番号をその内容に含む個人情報）を取り扱う際には、個人情報保護法と番号法との両方の規定を確認する必要があるということになります。

Q 2　個人情報保護法の改正は、番号法にも影響がありますか。

A　番号法は、個人情報保護法の改正に伴う改正のほか、いくつかの改正がされています。

1 個人情報保護法と番号法の改正の概要

個人情報保護法及び番号法を改正するための改正法（本章ⅠＱ２参照）が、平成27年９月３日に成立し、同月９日に公布されました。この改正法は全７条及び附則からなっていますが、１条から３条までが個人情報保護法の改正であり、４条から７条までが番号法の改正となります。その対応関係は以下のとおりです。

個人情報保護法改正	対応	番号法改正
第１条	⇔	第４条
第２条	⇔	第５条
第３条	⇔	第６条
−	⇔	第７条

個人情報保護法の改正部分である１条から３条の詳細は、第１章Ⅰを参照してください。ここでは、それぞれに対応する番号法の改正部分である４条から７条の概要を示します。

＜改正法の概要＞

改正法４条	・個人情報保護法への個人情報保護委員会に関する条文の新設に伴う「特定個人情報保護委員会」に関する条文の削除 ・行政機関等に対するサイバーセキュリティ等の研修実施に関する条文の新設 ・行政機関、独立行政法人等及び地方公共団体情報システム機構に対する定期検査に関する条文の新設 ・地方公共団体及び地方独立行政法人に対する定期報告に関する条文の新設

	・特定個人情報の安全の確保に係る重大な事態が生じた場合の報告に関する条文の新設 ・附則の規定として、日本年金機構における個人番号の利用停止に係る経過措置に関する条文の新設　等
改正法５条	・個人情報取扱事業者でない個人番号取扱事業者に関する条文の削除　等
改正法６条	・個人番号利用事務実施者が、生活保護法等の法律の規定により本人の資産又は収入の状況についての報告を求めるためにその者の個人番号を提供する場合に関する条文の追加 ・地方公共団体が番号法９条２項に基づき条例で定めた個人番号の利用を行う際の情報提供ネットワークシステムにおける情報連携関係に関する条文の新設 ・附則の規定として、日本年金機構における特定個人情報の情報連携停止に係る経過措置に関する条文の新設　等
改正法７条	・預貯金口座への個人番号の利用（以下「預貯金付番」といいます。）に関する条文（番号法別表第一）の追加　等

上記改正法について、事業者に影響するのは、主に改正法５条となります。すなわち、従来、「個人情報取扱事業者」に該当しない事業者（個人情報取扱事業者でない個人番号取扱事業者）は、個人情報保護法の適用がなく、番号法のみが適用されていました。そして、個人の権利利益を保護する観点から、そのような事業者に対しても、個人情報保護法に準じた規定が番号法に設けられていました。

しかし、個人情報保護法の施行（改正法２条の施行）により、基本的には、すべての事業者が「個人情報取扱事業者」に該当することから、個人情報保護法に準じた番号法の規定（個人情報取扱事業者でない個人番号取扱事業者に関する規定）は削除されることとなりました（詳細は、第３章Ⅲ Q３参照）。結局のところ、番号法を根拠に対応していたものについて、個人情報保護法を根拠に今後も対応していくことになるということです。

なお、改正法７条は、いわゆる「預貯金付番」といわれるものであり、金融機関における預貯金口座とその口座の本人の個人番号をヒモ付けることにより、預貯金情報を効率的に利用しようとするものです。ただし、この預貯金付番における個人番号の利用は、①預金保険、②社会保障制度の資力調査、③国税・地方税の税務調査での利用に限られています。なお、これらの事務は、社会保障・税番号制度（マイナンバー制度）ができたことにより新たに行われるものではありません。従来から、これらの事務は行われており、これらの事務を行うに当たって、氏名、住所、生年月日及び性別の「基本４情報」で個人を特定していたところ、預貯金付番を行うことにより、新たに「個人番号」をキーに個人を特定することができるようにするというものです。

2　改正法の施行日

改正法４条は、平成28年１月１日に施行されています。また、改正法６条の規定のうち「生活保護法等の法律の規定により本人の資産又は収入の状況についての報告を求めるためにその者の個人番号を提供する場合に関する条文」についても、平成28年１月１日に施行されています。

改正法５条及び６条（上記平成28年１月１日施行部分を除きます。）は、平成29年５月30日に施行されます。

改正法７条は、平成30年１月１日に施行されます。

Q3　個人番号や特定個人情報を取り扱う際の「ガイドライン」とは、どのようなものですか。

A　個人情報保護委員会が策定した「特定個人情報の適正な取扱いに関するガイドライン」は、行政機関や事業者などが特定個人情報の適正な取扱いを確保するための具体的な指針を定めたものです。

1　ガイドラインの法的根拠と目的

1　番号法の基本理念と国の責務

番号法の目的の１つとして、本章ⅡのＱ１で確認したとおり、「個人番号その他の特定個人情報の取扱いが安全かつ適正に行われるよう行政機関個人情報保護法、独立行政法人等個人情報保護法及び個人情報保護法の特例を定めること」が規定されていますが（番号法１）、その目的を受けて、番号法の基本理念の１つとして、以下のものがあげられています（番号法３①四）。

> 個人番号を用いて収集され、又は整理された個人情報が法令に定められた範囲を超えて利用され、又は漏えいすることがないよう、その管理の適正を確保すること。

そして、国に対して、以下の責務を負わせています（番号法４①）。

> 国は、基本理念にのっとり、個人番号その他の特定個人情報の取扱いの適正を確保するために必要な措置を講ずるとともに、個人番号及び法人番号の利用を促進するための施策を実施するものとする。

2 個人情報保護委員会の任務

個人情報保護委員会（以下、このQにおいて「委員会」といいます。）は、個人情報保護法51条（新個情法60）に基づいて、以下の任務を果たすこととされています。

> 委員会は、個人情報の適正かつ効果的な活用が新たな産業の創出並びに活力ある経済社会及び豊かな国民生活の実現に資するものであることその他の個人情報の有用性に配慮しつつ、個人の権利利益を保護するため、個人情報の適正な取扱いの確保を図ること（個人番号利用事務等実施者に対する指導及び助言その他の措置を講ずることを含む。）を任務とする。

（下線：筆者挿入）

上記のように、委員会は、個人情報の有用性に配慮しつつ、個人情報の適正な取扱いの確保を図ることを任務としていますが、この「個人情報の適正な取扱いの確保を図ること」の中に、個人番号や特定個人情報の取扱いに関する任務も含まれています。

すなわち、行政機関、地方公共団体又は事業者等の個人番号を取り扱う者（個人番号利用事務実施者又は個人番号関係事務実施者）に対して、指導及び助言等の必要な措置を講ずることが任務の１つとされています。

3 ガイドラインの目的

委員会は、上記１の「国の責務」（番号法４）及び上記２の「委員会の任務」（個情法51、新個情法60）に基づき、行政機関、地方公共団体又は事業者等が特定個人情報の適正な取扱いを確保するための具体的な指針を定めるものとして、「特定個人情報の適正な取扱いに関するガイドライン」（以下「マイナンバーガイドライン」といいます。）

を策定し公表しています。

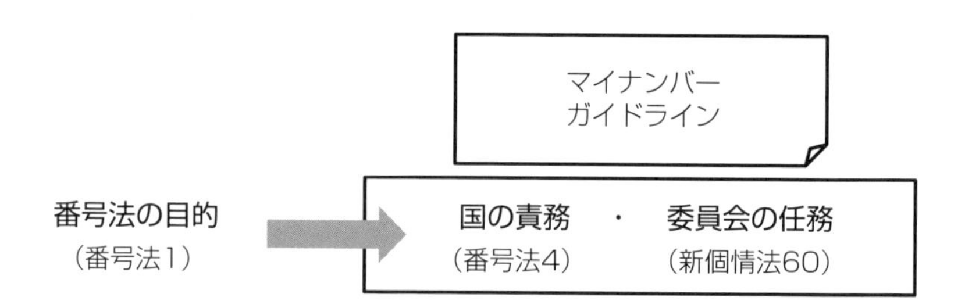

なお、マイナンバーガイドラインは、委員会の「告示」として公表されています。

2 ガイドラインの種別

マイナンバーガイドラインは、民間部門に適用される「事業者編」と、公的部門に適用される「行政機関等・地方公共団体等編」とに分かれます。

事業者は、通常、従業員、役員、パート及びアルバイト等（以下「従業員等」といいます。）の個人番号や特定個人情報を取り扱うこととなりますが、銀行、証券会社、生損保会社のような、いわゆる金融機関については、取引先である顧客の個人番号や特定個人情報も取り扱うこととなります。そのため、「事業者編」の別冊として「(別冊)金融業務における特定個人情報の適正な取扱いに関するガイドライン」が策定されています。

民間部門	事業者編
	金融業務編（注）
公的部門	行政機関等・地方公共団体等編

（注）　金融業務編は、金融機関が金融業務に関連して顧客の個人番号を取り扱う事務において、特定個人情報の適正な取扱いを確保するための具体的な指針を定めるものです。金融機関が行う金融業務以外の業務については、事業者編が適用されます。

なお、本書は、事業者を読者の対象としていることから、マイナンバーガイドラインに関する記述については、「事業者編」を前提に記述することとします。

3 ガイドラインの構成

マイナンバーガイドラインの構成は、以下のとおりです。

第１　はじめに
第２　用語の定義等
第３　総論
第４　各論
（別添）特定個人情報に関する安全管理措置（事業者編）
（巻末資料）個人番号の取得から廃棄までのプロセスにおける本ガイドラインの適用（大要）

「第１　はじめに」は、番号法の位置付け等がコンパクトに記載されています。「第２　用語の定義等」は、マイナンバーガイドラインで使用する用語の定義等が記載されています。「第３　総論」は、マイナンバーガイドラインの位置付け、特定個人情報に関する番号法上の保護措置の概略等について解説しています。「第４　各論」は、各項目の要点を枠囲みにして示すとともに、番号法上の保護措置及び安全管理措置について解説しています。また、実務上の指針及び具体例を記述しているほか、留意すべきルールとなる部分については、アンダーラインが付されています。

マイナンバーガイドラインの中で、「しなければならない」及び「してはならない」と記述している事項については、これらに従わなかった場合、法令違反と判断される可能性があります。一方、「望ましい」と記述している事項については、これに従わなかったことをもって直ちに法令違反と判断されることはありませんが、番号法の趣旨を踏まえ、事業者の規模や事務の特性に応じて可能な限り対応することが望まれます。

 ガイドラインにおける安全管理措置

事業者などの個人番号を取り扱う者（個人番号利用事務実施者又は個人番号関係事務実施者）は、個人番号及び特定個人情報（以下「特定個人情報等」といいます。）の漏えい、滅失又は毀損の防止その他の特定個人情報等の適切な管理のために安全管理措置を講じなければならないこととされています（番号法12、個情法20、21）。

この安全管理措置については、マイナンバーガイドラインにおける「(別添）特定個人情報に関する安全管理措置（事業者編)」(以下「別添安全管理措置」といいます。）で、事業者が講ずべき安全管理措置について記述するとともに、「手法の例示」として具体的な例示が示されています。したがって、事業者は、この別添安全管理措置を参照して措置を講ずることとなります。

なお、別添安全管理措置に示されている「手法の例示」は、あくまでも「例示」であり、記載されている例示を「必ず」行わなければならないというものではありません。

安全管理措置の目的は、「特定個人情報等の漏えい、滅失又は毀損の防止その他の特定個人情報等の適切な管理」です。したがって、その目的が達成されるように事業者の規模や事務の特性に応じて、措置を講ずることが重要です。

なお、特定個人情報等を取り扱う量が少ない事業者（中小規模事業者）においては、一定の配慮がされています。

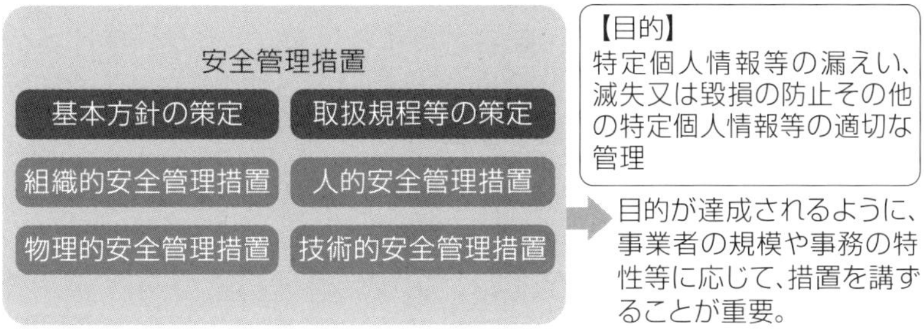

安全管理措置

基本方針の策定 | 取扱規程等の策定

組織的安全管理措置 | 人的安全管理措置

物理的安全管理措置 | 技術的安全管理措置

【目的】
特定個人情報等の漏えい、滅失又は毀損の防止その他の特定個人情報等の適切な管理

目的が達成されるように、事業者の規模や事務の特性等に応じて、措置を講ずることが重要。

Q 4　「個人情報の保護に関する法律についてのガイドライン」の安全管理措置と「マイナンバーガイドライン」の安全管理措置とで考え方は異なりますか。

A　「個人情報の保護に関する法律についてのガイドライン」の安全管理措置は、原則として、「マイナンバーガイドライン」の安全管理措置の内容や手法の例示に準じて定められています。ただし、番号法固有のものは、含まれていません。
　なお、マイナンバーガイドラインは、従来の各主務大臣が策定している事業分野ごとの個人情報保護に関するガイドライン等の最大公約数である措置の内容や手法の例示が示されています。

特定個人情報に該当しない、単なる個人データについては、個情法ガイドライン（通則編）に従って、安全管理措置を講じていくことになります。この個情法ガイドライン（通則編）における安全管理措置は、原則として、マイナンバーガイドラインにおける安全管理措置の内容や手法の例示に準じて定められています。ここでは、マイナンバーガイドラインに準じて定められている理由等を解説します（措置の説明は、「第2章Ⅲ Q3～5」を参照してください。）。

1　安全管理措置の内容や手法の例示

安全管理措置の具体的な内容については、個人情報保護法には規定されていません。主務大臣制をとっていた個人情報保護法下においては、各主務大臣が策定している事業分野ごとの個人情報保護に関するガイドライン等に具体的な措置の内容が示されていました。

新個人情報保護法下においては、個人情報保護委員会が策定した個情法ガイドライン（通則編）に具体的な措置の内容が示されています。

個情法ガイドライン（通則編）における安全管理措置の内容や手法

の例示は、以下の理由から、原則として、マイナンバーガイドラインにおける安全管理措置の内容や手法の例示に準じることとされています＊1。

＊1　平成28年5月26日「第9回個人情報保護委員会」委員会資料1-1

理由①：番号法が求める「個人番号の漏えい、滅失又は毀損の防止その他の個人番号の適切な管理のために必要な措置」と、個人情報保護法が求める「個人データの漏えい、滅失又はき損の防止その他の個人データの安全管理のために必要かつ適切な措置」とでは、その基本的な要素はおおむね共通すると考えられること

理由②：マイナンバーガイドラインにおいて示されている、講ずべき安全管理措置の内容及び手法例には、現在、各主務大臣が策定している事業分野ごとのガイドライン等において示されている安全管理措置の具体的な内容及び手法例等におおむね共通する内容が反映されていること

理由③：マイナンバーガイドラインは、既に、全ての事業分野の事業者に適用されていること

ただし、番号法固有のものは、含まれていません。

また、個人番号（マイナンバー）と個人情報全般の取り扱われ方の差異等を踏まえて必要な調整を行っています。

個情法ガイドライン（通則法）
における安全管理措置の
内容、手法の例示（※）

※個人番号（マイナンバー）と個人情報全般の取り扱われ方の差異等を踏まえて必要な調整

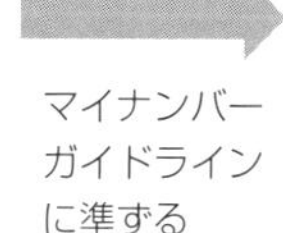

マイナンバーガイドライン
における安全管理措置の
内容、手法の例示

マイナンバーガイドラインにおける安全管理措置の内容や手法の例

示は、主務大臣制をとっていた個人情報保護法下において、各主務大臣が策定している事業分野ごとの個人情報保護に関するガイドライン等の最大公約数である措置内容や手法の例示が示されていると考えられることから、個情法ガイドライン（通則法）における安全管理措置の内容や手法の例示について、マイナンバーガイドラインに準じて定めることは妥当であると考えられます。

2 中小規模事業者の特例

新個人情報保護法附則11条において、個人情報保護委員会が個情法ガイドライン（通則法）等を策定するに当たっては、従来、個人情報保護法の適用対象となっていなかった事業者が新たに個人情報取扱事業者となることに鑑み、「特に小規模の事業者の事業活動が円滑に行われるよう配慮するものとする。」とされています。

この点、個人情報保護法に規定されている個人情報取扱事業者の義務等については、どのような規模の事業者であっても、その義務等を履行する必要があります。一方で、安全管理措置については、その具体的な内容及び手法等は、一般的に、事業者の規模及び取り扱う個人データの数量等により、おのずと異なるものになると考えられます。また、安全管理措置は、義務の履行方法が多種多様であり、「これが正しい措置である」というものは存在しません。

安全管理措置の
内容、手法の例示

・事業者の規模及び取り扱う個人データの数量等により、措置の内容や手法が異なる。
・義務の履行方法が多種多様。

そのような状況の中、従来、個人情報保護法の適用対象となっていなかった事業者に対して、単に「安全管理措置を講じなさい」といっても、事業者を混乱に陥れるのみで、義務の円滑な履行を図ることは困難であると考えられます。そのため、従来、個人情報保護法の適用対象となっていなかった事業者において、混乱することなく当該義務を履行できるようにするためには、特例的な対応（手法の例示を含みます。）を定める必要性が高いといえます。

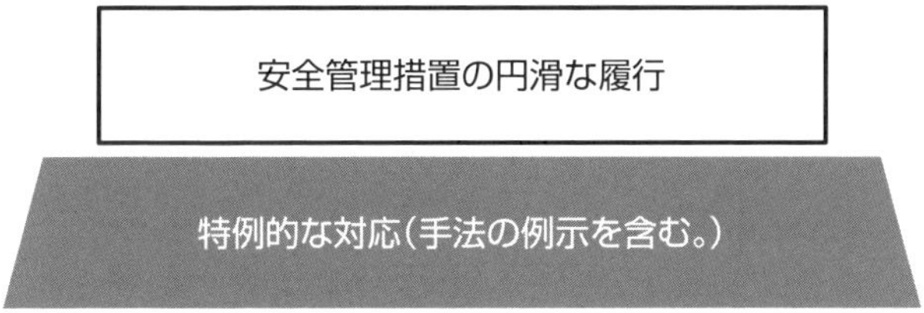

安全管理措置の円滑な履行

特例的な対応(手法の例示を含む。)

個人情報保護法の適用対象となっていなかった事業者

そこで、個情法ガイドライン（通則法）では、マイナンバーガイドラインと同様に、「中小規模事業者」という概念を設け、取り扱う個人データの数量及び個人データを取り扱う従業者数が一定程度にとどまること等を踏まえ、円滑にその義務を履行し得るような手法の例として「中小規模事業者における手法の例示」を示しています。

中小規模事業者の範囲は以下のとおりです。

「中小規模事業者」とは、従業員の数が100人以下の個人情報取扱事業者をいう。ただし、次に掲げる者を除く。

- その事業の用に供する個人情報データベース等を構成する個人情報によって識別される特定の個人の数の合計が過去６月以内のいずれかの日において5,000を超える者
- 委託を受けて個人データを取り扱う者

この中小規模事業者の範囲についても、マイナンバーガイドラインにおける中小規模事業者に準じて定められています。その理由は、以下のとおりです＊2。

＊2　平成28年5月26日「第9回個人情報保護委員会」委員会資料1-1

> 番号法が求める安全管理措置と、個人情報保護法が求める安全管理措置とでは、その基本的な要素、並びに、特例的な対応を定めることが一般に必要と考えられる事業者の規模及び取り扱う情報量等は、おおむね共通すると考えられること

なお、この「中小規模事業者における手法の例示」は、中小規模事業者が、中小規模事業者以外の事業者と同等の措置を講ずることを妨げるものではありません。

第2章

士業のための「個人情報保護法の基本」

Ⅰ　用語の定義

Q１　「個人情報」とは、どのようなものをいいますか。

A　「個人情報」とは、生存する個人に関する情報で、①特定の個人を識別することができるもの（他の情報と容易に照合することで特定の個人を識別することができることとなるものを含む）又は②個人識別符号が含まれるものをいいます。

１　「個人情報」の定義

「個人情報」とは生存する個人に関する情報であって、以下のいずれかに該当するものをいいます（新個情法２①）。

①　当該情報に含まれる氏名、生年月日その他の記述等（文書、図画若しくは電磁的記録（電磁的方式（電子的方式、磁気的方式その他人の知覚によっては認識することができない方式をいう。）で作られる記録をいう。）に記載され、若しくは記録され、又は音声、動作その他の方法を用いて表された一切の事項（個人識別符号を除く。）をいう。）により特定の個人を識別することができるもの（他の情報と容易に照合することができ、それにより特定の個人を識別することができることとなるものを含む。）

②　個人識別符号が含まれるもの

＜個情法ガイドライン（通則編）２-１＞

【個人情報に該当する事例】

事例１）本人の氏名

事例２）生年月日、連絡先（住所・居所・電話番号・メールアドレス）、会社における職位又は所属に関する情報について、それらと本人の

氏名を組み合わせた情報
事例3）防犯カメラに記録された情報等本人が判別できる映像情報
事例4）本人の氏名が含まれる等の理由により、特定の個人を識別できる音声録音情報
事例5）特定の個人を識別できるメールアドレス（kojin_ichiro@example.com 等のようにメールアドレスだけの情報の場合であっても、example 社に所属するコジンイチロウのメールアドレスであることが分かるような場合等）
事例6）個人情報を取得後に当該情報に付加された個人に関する情報（取得時に生存する特定の個人を識別することができなかったとしても、取得後、新たな情報が付加され、又は照合された結果、生存する特定の個人を識別できる場合は、その時点で個人情報に該当する。）
事例7）官報、電話帳、職員録、法定開示書類（有価証券報告書等）、新聞、ホームページ、SNS（ソーシャル・ネットワーク・サービス）等で公にされている特定の個人を識別できる情報

＊事例7）のように、公表されている情報も個人情報に含まれます。

2 「生存する個人に関する情報」の意義

1 対象が「生存する個人」である理由

「個人情報」は、『生存する』個人に関する情報であるため、死者の情報は「個人情報」に含まれません。個人情報保護法は、本人の権利利益の侵害の保護を目的としており、死者に関する情報を保護することによって相続人や遺族等の第三者の権利利益を保護することまで意図するものではないことから、保護の対象を『生存する』個人に限っています。

●疑問に回答！●

被相続人（死者）に関する情報が「個人情報」に含まれる場合はありますか？

●●●●●

被相続人（死者）に関する情報やその相続財産に関する情報は、被相続人たる死者に関する情報という側面のみならず、相続人に関する情報という側面もあります。

そのため、被相続人や相続財産に関する情報が、相続人という特定の個人を識別することができる情報、すなわち「生存する個人に関する情報」に該当する場合には、個人情報保護法上の保護の対象となります。

2 「個人」の範囲

「個人情報」は、生存する『個人』に関する情報であり、その対象を日本国籍を有する者に限定していないため、日本に居住する外国人の情報も「個人情報」に含まれます。

他方、法人に関する情報は、個人に関する情報ではないため、「個人情報」に含まれませんが、法人に関する情報のうち、法人の取締役等の氏名等は『個人』に関する情報であるため、「個人情報」に含まれます。

3 「他の情報と容易に照合することで特定の個人を識別することができる」（容易照合性）の意義

事業者の実態に即して個々の事例ごとに判断されますが、通常の業務における一般的な方法で、他の情報と容易に照合することができる状態をいいます（個情法ガイドライン（通則編）2－1）。

Q 2　「個人識別符号」とは、どのようなものをいいますか。

A　「個人識別符号」とは、身体の一部の特徴をデータ化したものや個人がサービスの利用や商品の購入の際に割り当てられ、又は個人に発行される書類に付される符号のように、その情報単体から特定の個人を識別することができるものをいいます。

1 「個人識別符号」の定義

「個人識別符号」とは、次の①②のいずれかに該当する文字、番号、記号その他の符号のうち、政令で定めるものをいいます（新個情法2②）。

① 特定の個人の身体の一部の特徴を電子計算機の用に供するために変換した文字、番号、記号その他の符号であって、当該特定の個人を識別することができるもの

② 個人に提供される役務の利用若しくは個人に販売される商品の購入に関し割り当てられ、又は個人に発行されるカードその他の書類に記載され、若しくは電磁的方式により記録された文字、番号、記号その他の符号であって、その利用者若しくは購入者又は発行を受ける者ごとに異なるものとなるように割り当てられ、又は記載され、若しくは記録されることにより、特定の利用者若しくは購入者又は発行を受ける者を識別することができるもの

2 「個人識別符号」が定められた趣旨

個人情報保護法では、「個人情報」とは「生存する個人に関する情報で、特定の個人を識別することができるもの（他の情報と容易に照合することができそれにより特定の個人を識別することができることとなるものを含む。）」と定義され、「特定の個人を識別することがで

きる」か否かについては、社会通念に基づき判断すると解されていました。

もっとも、そもそも個人情報に該当するか否かを判断する基準となる「社会通念」自体が明確でないことから、個人情報取扱事業者において、個人情報の該当性について一義的に明らかに判断できない場合もありました。

そのため、個人情報として保護されるべき情報の範囲や個人情報取扱事業者による個人情報の利活用が曖昧になっている部分もありました。

そこで、新個人情報保護法では、個人情報に該当するか否かの判断を明確かつ容易にするために「個人識別符号」を定義し、「個人情報」に含まれることにしました。

3 「個人識別符号」の類型

「個人識別符号」として、２つの類型が定められました。１つは「身体の一部の特徴をデータ化したもの」、もう１つは、「個人がサービスの利用や商品の購入の際に割り当てられ、又は個人に発行される書類に付される符号」です。

1 「身体の一部の特徴をデータ化したもの」

情報技術の進展により、身体の一部の特徴をデータ化した数字の羅列であったとしても、データの分析によってほぼ確実に特定の個人を識別することができるようになったことを受けて「個人識別符号」として定められました。

【例】　遺伝子、指紋、顔画像をデータ化したもの

2 「個人がサービスの利用や商品の購入の際に割り当てられ、又は個人に発行される書類に付される符号」

ある個人に付されることによって同人を識別する機能・性質をもっており、社会生活や事業活動において活用され、それらの符号や情報を名寄せし突合することにより、特定の個人を識別することができる状態になっていることを受けて、「個人識別符号」として定められました。

【例】　運転免許証番号、旅券番号、個人番号（マイナンバー）

3 個人識別符号の内容

個人識別符号に関しては、法令・政令・規則に定めがありますが、これをまとめると以下の表になります。

＜個人識別符号の法令上の規定＞

法律	政令（骨子）	委員会規則（骨子）
「個人識別符号」とは、次の各号のいずれかに該当する文字、番号、記号その他の符号のうち、政令で定めるものをいう。 (1)　特定の個人の身体の一部の特徴を電子計算機の用に供するために変換した文字、番号、記号その他の符号であって、当該特定の個人を識別することができるもの	(1)　次に掲げる身体の特徴のいずれかを電子計算機の用に供するために変換した文字、番号、記号その他の符号であって、特定の個人を識別するに足りるものとして個人情報保護委員会規則で定める基準に適合するもの (ア)　DNA を構成する塩基の配列	(1)　身体の特徴を電子計算機の用に供するために変換した符号のうち個人識別符号に該当するものの基準は、特定の個人を識別することができる水準が確保されるよう、適切な範囲を適切な手法により電子計算機の用に供するために変換することとする。

	(イ)　顔の骨格及び皮膚の色並びに目、鼻、口その他の顔の部位の位置及び形状によって定まる容貌 (エ)　虹彩の表面の起伏により形成される線状の模様 (オ)　発声の際の声帯の振動、声門の開閉並びに声道の形状及びその変化 (カ)　歩行の際の姿勢及び両腕の動作、歩幅その他の歩行の態様 (キ)　手のひら又は手の甲若しくは指の皮下の静脈の分岐及び端点によって定まるその静脈の形状 (ク)　指紋又は掌紋	
(2)　個人に提供される役務の利用若しくは個人に販売される商品の購入に関し割り当てられ、又は個人に発行されるカードその他の書類に記載され、若しくは電磁的方式により記録された文字、番号、記号その他の符号であって、その利用者若しくは購入者又は発行を受ける者ごとに異なるものとなるように割	(2)　旅券の番号、基礎年金番号、運転免許証の番号、住民票コード及び個人番号 (3)　国民健康保険、後期高齢者医療制度及び介護保険の被保険者証にその発行を受ける者ごとに異なるものとなるように記載された個人情報保護委員会規則で定める文字、番号、記号その他の符号 (4)　上記(1)〜(3)に準ずる	(2)　個人識別符号に加えるものは、次に掲げるものとする。 (ア)　国民健康保険の被保険者証の記号、番号及び保険者番号 (イ)　後期高齢者医療制度及び介護保険の被保険者証の番号及び保険者番号 (ウ)　健康保険の被保険者証等の記号、番号及び保険者番号、公務員共済組合の組合

り当てられ、又は記載され、若しくは記録されることにより、特定の利用者若しくは購入者又は発行を受ける者を識別することができるもの	ものとして個人情報保護委員会規則で定める文字、番号、記号その他の符号	員証等の記号、番号及び保険者番号、雇用保険被保険者証の被保険者番号並びに特別永住者証明書の番号等

＊なお、「個人識別符号」に該当しなくても他の情報と容易に照合することにより、特定の個人を識別できるものは「個人情報」に該当します。

●疑問に回答！●

次の情報は「個人情報」に該当しますか？

①　氏名、住所、携帯電話の番号

②　クレジットカードの番号

●●●●●

氏名は、社会通念上、特定の個人を識別することができるものと考えられますので、氏名のみで、個人情報に含まれると考えられます。

また、住所や携帯電話の番号は、社会通念上、それ自体で特定の個人を識別することができるとは考えられませんが、他の情報と容易に照合することができ、それにより特定の個人を識別することができる場合には個人情報に該当します。

クレジットカードの番号は、個人識別符号には該当しません。また、クレジットカードの番号は、社会通念上、それ自体で特定の個人を識別することができるとは考えられませんが、他の情報と容易に照合することができ、それにより特定の個人を識別することができる場合には個人情報に該当します。

Q３　「要配慮個人情報」とは、どのようなものをいいますか。

A　**「要配慮個人情報」とは、本人の人種等本人に対する不当な差別、偏見その他の不利益が生じないようにその取扱いに特に配慮を要する記述等が含まれる個人情報をいいます。**

１　「要配慮個人情報」の定義

「要配慮個人情報」とは、本人の人種、信条、社会的身分、病歴、犯罪の経歴、犯罪により害を被った事実その他本人に対する不当な差別、偏見その他の不利益が生じないようにその取扱いに特に配慮を要するものとして政令で定める記述等が含まれる個人情報をいいます(新個情法２③)。

<個情法ガイドライン(通則編)２-３>

①　人種
　人種、世系又は民族的若しくは種族的出身を広く意味します。
②　信条
　個人の基本的なものの見方、考え方を意味し、思想と信仰の双方を含みます。
③　社会的身分
　ある個人にその境遇として固着していて、一生の間、自らの力によって容易にそれから脱し得ないような地位を意味し、単なる職業的地位や学歴は含まれません。
④　病歴
　病気に罹患した経歴を意味するもので、特定の病歴を示した部分（例：特定の個人ががんに罹患している、統合失調症を患っている等）が該当します。
⑤　犯罪の経歴
　前科、すなわち有罪の判決を受けこれが確定した事実が該当します。
⑥　犯罪により害を被った事実
⑦　その他本人に対する不当な差別、偏見その他の不利益が生じないようにその取扱いに特に配慮を要するものとして政令で定める記述等

（要配慮個人情報）
個情令２条　法第２条第３項の政令で定める記述等は、次に掲げる事項のいずれかを内容とする記述等（本人の病歴又は犯罪の経歴に該当するものを除く。）とする。

一　身体障害、知的障害、精神障害（発達障害を含む。）その他の個人情報保護委員会規則で定める心身の機能の障害があること。

（要配慮個人情報）
個情規５条　令第２条第１号の個人情報保護委員会規則で定める心身の機能の障害は、次に掲げる障害とする。

一　身体障害者福祉法（昭和24年法律第283号）別表に掲げる身体上の障害

二　知的障害者福祉法（昭和35年法律第37号）にいう知的障害

三　精神保健及び精神障害者福祉に関する法律（昭和25年法律第123号）にいう精神障害（発達障害者支援法（平成16年法律第167号）第２条第３項に規定する発達障害を含み、前号に掲げるものを除く。）

四　治療方法が確立していない疾病その他の特殊の疾病であって障害者の日常生活及び社会生活を総合的に支援するための法律（平成17年法律第123号）第四条第一項の政令で定めるものによる障害の程度が同項の厚生労働大臣が定める程度であるもの

二　本人に対して医師その他医療に関連する職務に従事する者（次号において「医師等」という。）により行われた疾病の予防及び早期発見のための健康診断その他の検査（同号において「健康診断等」という。）の結果

三　健康診断等の結果に基づき、又は疾病、負傷その他の心身の変化を理由として、本人に対して医師等により心身の状態の改善のための指導又は診療若しくは調剤が行われたこと。

四　本人を被疑者又は被告人として、逮捕、捜索、差押え、勾留、公訴の提起その他の刑事事件に関する手続が行われたこと。

五　本人を少年法（昭和23年法律第168号）第３条第１項に規定する少年又はその疑いのある者として、調査、観護の措置、審判、保護処分その他の少年の保護事件に関する手続が行われたこと。

2　改正によって要配慮個人情報が定められた趣旨

1　「要配慮個人情報」に関する規律

個人情報保護法においては、個人情報の内容に着目して、その取扱いに差異を設けることはしていませんでした。

新個人情報保護法では、人種、信条、病歴等、個人情報取扱事業者が正当な理由なく取り扱うことによって差別や偏見を生じるおそれがあるため特に慎重な取扱いが求められる個人情報を要配慮個人情報として類型化し、特別の規律を設けています。

具体的には、要配慮個人情報の取得及び第三者提供に関しては、原則として本人の同意が必要とされ、個人情報の取扱いとは異なる追加的な規律が定められています（本章ⅡＱ６参照）。

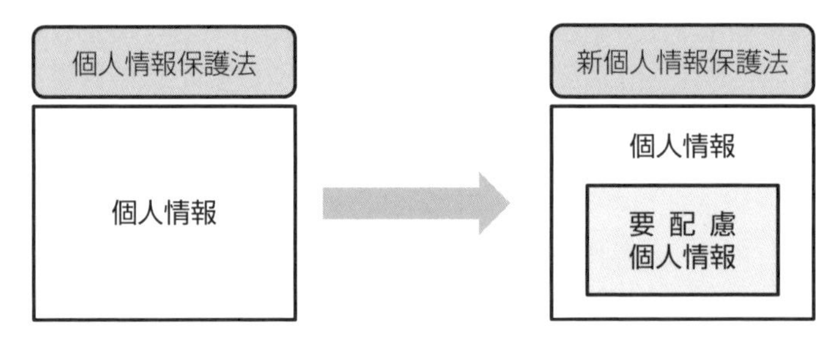

2　「要配慮個人情報」を「個人情報」と区別する理由

「要配慮個人情報」について「個人情報」の取扱いとは異なる追加的な規制（要配慮個人情報の取得及び第三者提供に関して、原則として本人同意が必要）を課すことにより、本人の意図しないところで当該本人に関する要配慮個人情報が取得されること及びそれに基づいて本人が差別的取扱いを受けることを防止することにあります。

Q 4　「個人情報データベース等」や「個人データ」とは、どのようなものをいいますか。

A　「個人情報データベース等」とは、個人情報を含む情報の集合物であって、特定の個人情報を電子計算機を用いて検索することができるように体系的に構成したものや特定の個人情報を容易に検索することができるように体系的に構成したものとして政令で定めるものをいいます。

また「個人データ」とは、個人情報データベース等を構成する個人情報をいいます。

1 「個人情報データベース等」

1 「個人情報データベース等」の定義

「個人情報データベース等」とは、個人情報を含む情報の集合物であって以下に掲げるもの（利用方法からみて個人の権利利益を害するおそれが少ないものとして政令で定めるものを除く。）をいいます（新個情法２④）。

① 特定の個人情報を電子計算機を用いて検索することができるように体系的に構成したもの

② 特定の個人情報を容易に検索することができるように体系的に構成したものとして政令で定めるもの

例えば、コンピュータを用いていない場合であっても、紙面で処理した個人情報を一定の規則（例えば、五十音順等）に従って整理・分類し、特定の個人情報を容易に検索することができるよう、目次、索引、符号等を付し、他人によっても容易に検索可能な状態に置いているもの

<個情法ガイドライン（通則編）2-4>

【個人情報データベース等に該当する事例】
事例１）電子メールソフトに保管されているメールアドレス帳（メールアドレスと氏名を組み合わせた情報を入力している場合）
事例２）インターネットサービスにおいて、ユーザーが利用したサービスに係るログ情報がユーザーIDによって整理され保管されている電子ファイル（ユーザーIDと個人情報を容易に照合することができる場合）
事例３）従業者が、名刺の情報を業務用パソコン（所有者を問わない。）の表計算ソフト等を用いて入力・整理している場合
事例４）人材派遣会社が登録カードを、氏名の五十音順に整理し、五十音順のインデックスを付してファイルしている場合

2　改正との関係

個人情報保護法は、特定の個人情報を検索することができるように体系的に構成された情報の集合物であれば「個人情報データベース等」に当たるものとし、特段の除外規定は定めていませんでした。

もっとも、形式的には「個人情報データベース等」の定義に該当するものであっても、既に公になっている市販の電話帳をそのまま使う場合等、たとえ漏洩があってもその行為により個人の権利利益を侵害する危険性が少ないものもあり、この場合にも個人情報取扱事業者として個人データに関する義務を課すことは適切ではない場合もあります。

そこで、新個人情報保護法においては、「個人情報データベース等」の定義から、利用方法からみて個人の権利利益を害するおそれが少ないものとして政令で定めるものを除くこととしました。

（個人情報データベース等）
個情令３条　法第２条第４項の利用方法からみて個人の権利利益を害するおそれが少ないものとして政令で定めるものは、次の各号のいずれにも該当するものとする。

> 一　不特定かつ多数の者に販売することを目的として発行されたものであって、かつ、その発行が法又は法に基づく命令の規定に違反して行われたものでないこと。
> 二　不特定かつ多数の者により随時に購入することができ、又はできたものであること。
> 三　生存する個人に関する他の情報を加えることなくその本来の用途に供しているものであること。

例えば、市販の電話帳（CD-ROM 電話帳）のほか、住宅地図、市販の職員録等が該当します。もっとも、市販の電話帳を購入した者が、当該電話帳を編集・加工等して使用する場合には、個人情報データベース等からは除外されません。

2 「個人データ」

1 「個人データ」の定義

「個人データ」とは、個人情報データベース等を構成する個人情報をいいます（新個情法２⑥）。

2 「個人データ」の意義

「個人データ」は、個人情報データベース等を構成する個人情報であり、一定の方式により検索可能な状態になっているものを指します。そのため、単に個人情報データベース等に含まれるデータとその内容が同じであることのみをもって「個人データ」とみなすことはできませんが、他方で、「個人情報データベース等」としてパソコンから紙面に出力されたものやそのコピーも「個人データ」に含まれることになります。

Q５　「保有個人データ」とは、どのようなものをいいますか。

A　「保有個人データ」とは、本人又はその代理人から請求される開示、内容の訂正等の全てに応じることができる権限を有する個人データであって、その存否が明らかになることにより公益その他の利益が害されるもの又は６か月以内に消去することとなるもの以外のものをいいます。

1　「保有個人データ」の定義

「保有個人データ」とは、個人情報取扱事業者が、開示、内容の訂正、追加又は削除、利用の停止、消去及び第三者への提供の停止を行うことのできる権限を有する個人データであって、その存否が明らかになることにより公益その他の利益が害されるものとして政令で定めるもの又は１年以内の政令で定める期間以内に消去することとなるもの以外のものをいいます（新個情法２⑦）。

＜保有個人データの範囲＞

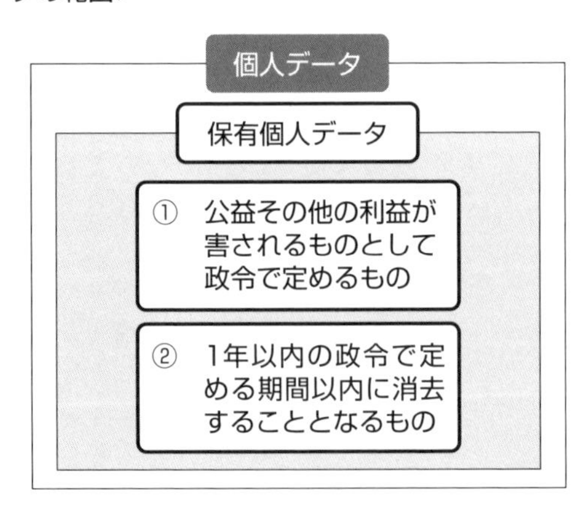

2 「保有個人データ」の意義

本人は、個人情報取扱事業者に対し、利用目的の通知（新個情法27②）、保有個人データの開示（新個情法28）、訂正等（新個情法29）、利用停止等又は第三者への提供の停止（新個情法30）を請求することができ、個人情報取扱事業者はこれに応じる義務を負っているところ、その義務の対象となる個人データの範囲を画するのが「保有個人データ」となります。

- 利用目的の通知
- 開示
- 訂正等
- 利用停止等
- 第三者への提供の停止

3 「個人情報取扱事業者が、開示、内容の訂正、追加又は削除、利用の停止、消去及び第三者への提供の停止を行うことのできる権限を有する個人データ」の意義

個人情報取扱事業者が、開示から第三者への提供の停止までのすべてを行うことのできる権限を有する個人データをいい、一部の権限のみを有する個人データは含まれません。

4 「保有個人データ」に該当しない場合

個人データのうち次の①又は②は、「保有個人データ」に該当しないものとされています。

①　その存否が明らかになることにより公益その他の利益が害されるものとして政令で定めるもの

②　１年以内の政令で定める期間以内に消去することとなるもの

1 「その存否が明らかになることにより公益その他の利益が害されるもの」の意義

その存否が明らかになることにより法的に保護されるべき利益が害されることとなる個人データをいい、具体的には政令で定められています。

（保有個人データから除外されるもの）

個情令４条　法第２条第７項の政令で定めるものは、次に掲げるものとする。

一　当該個人データの存否が明らかになることにより、本人又は第三者の生命、身体又は財産に危害が及ぶおそれがあるもの

二　当該個人データの存否が明らかになることにより、違法又は不当な行為を助長し、又は誘発するおそれがあるもの

三　当該個人データの存否が明らかになることにより、国の安全が害されるおそれ、他国若しくは国際機関との信頼関係が損なわれるおそれ又は他国若しくは国際機関との交渉上不利益を被るおそれがあるもの

四　当該個人データの存否が明らかになることにより、犯罪の予防、鎮圧又は捜査その他の公共の安全と秩序の維持に支障が及ぶおそれがあるもの

【例①】　業務妨害の常習者の個人データ

【例②】　事業者が、暴力団等の反社会的勢力による不当要求の被害を防止し、違法行為を阻止するために保有している暴力団員等に係る個人データ

【例③】　児童虐待の相談等に応じた記録等の個人データ

また、「その存否が明らかになることにより公益その他の利益が害されるもの」が個人データの一部分であった場合、その個人データの

当該部分が「保有個人データ」から除外されることとなります。

2 「1年以内の政令で定める期間以内に消去することとなるもの」を除くの意義

短期間で消去する個人データは、それにより個人の権利利益が侵害される可能性は比較的低く、また個人情報取扱事業者に過度の負担を課すことを避けるために、6か月以内に消去されるものは「保有個人データ」から除外されています（個情令5）。

なお、当初から6か月以内に消去することが予定されていないものや、6か月以内に消去する予定だったものの、事情変更等により消去できなかったものは除外されません。

●疑問に回答！●

個人データの保管等を第三者に委託している場合、委託先も「保有個人データ」を有していることになりますか？

●●●●●

個人情報取扱事業者が個人データの保管や個人情報データベース等への入力等を第三者に委託している場合については、委託先に対し、自らの判断で当該個人データの開示等を行う権限を付与していなければ、委託先は「保有個人データ」を有していることになりません。他方、委託先に対し、自らの判断で当該個人データの開示等を行う権限を付与しているときは、委託元に加え、委託先の「保有個人データ」でもあることとなります。

さらに、委託元に開示等の権限を残さずに、すべて委託先に委ねている場合には、委託先が「保有個人データ」を有していることになります。

Q６　「個人情報取扱事業者」とは、どのようなものをいいますか。また、個人情報取扱事業者に該当する場合、個人情報保護委員会への届出や許可の手続は必要ですか。

A　「個人情報取扱事業者」とは、国の機関、地方公共団体、独立行政法人等、地方独立行政法人以外の者であって、個人情報データベース等を事業の用に供している者をいいます。
　また、個人情報取扱事業者に該当する場合であっても、個人情報保護委員会への届出や許可の手続は必要ありません。

1　個人情報取扱事業者とは

「個人情報取扱事業者」とは、個人情報データベース等を事業の用に供している者のうち、①国の機関、②地方公共団体、③独立行政法人等の保有する個人情報の保護に関する法律（平成15年法律59号）で定める独立行政法人等及び④地方独立行政法人法（平成15年法律118号）で定める地方独立行政法人を除いた者をいいます（新個情法２⑤）。

2　個人情報取扱事業者の範囲の改正（5,000件要件の撤廃）とその趣旨

個人情報保護法では、個人情報データベース等を事業の用に供する者であっても、過去６か月以内のいずれの時点でも5,000件を超えない個人情報しか取り扱っていない事業者については、「個人情報取扱事業者」に該当せず、個人情報保護法の規制対象から除外することとしていましたが、新個人情報保護法の全面施行によって、この5,000件の適用除外規定が廃止されることになります。

この5,000件の適用除外規定を廃止するに至った趣旨としては、①個人情報の不適切な取扱いによって個人の権利利益が侵害される危険

性は、取り扱う個人情報の数によって何ら異なるところはないこと、②諸外国においては、事業者が取り扱う個人情報が小規模であることを理由に個人情報の保護に係るすべての規定の適用を除外する例はないこと等が挙げられます。

そのため、これまで、5,000件の適用除外規定によって「個人情報取扱事業者」に該当せず、個人情報保護法の規制対象から外れていた者も、新個人情報保護法が施行された後は、「個人情報取扱事業者」として個人情報保護法の規制が及ぶことになる点には留意が必要です。

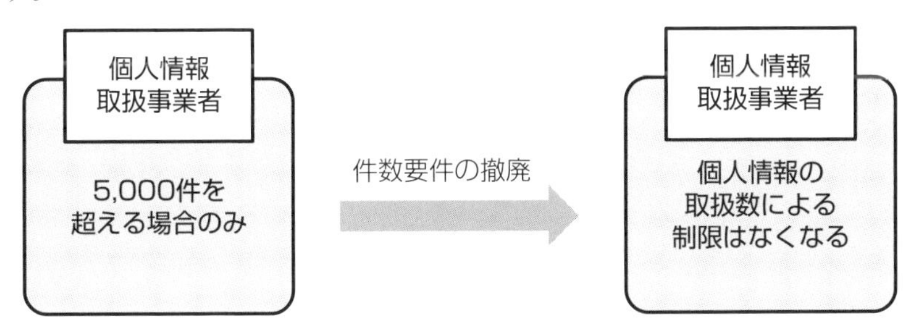

3 「事業」の意義

「事業」とは、一定の目的をもって反復継続して遂行される同種の行為であって、かつ一般社会通念上事業と認められるものをいい、営利事業のみを対象とするものではありません。

そのため、営利事業を目的としていない団体（NPO法人等）であっても、個人情報データベース等を事業の用に供している場合には、「個人情報取扱事業者」に該当することになります。

●疑問に回答！●

自治会・PTA・マンションの管理組合等は名簿を作成して配付することはできなくなるのでしょうか？

●●●●●

新個人情報保護法が施行された後は、自治会・PTA・マンションの管理組合等も個人情報取扱事業者に該当することになると考えられますが、その場合であっても、名簿を作成して配付することができなくなるわけではありません。

個人情報取扱事業者としての義務を遵守することにより、引き続き名簿を作成して、配付することはできます。

＊個人情報保護委員会のホームページにおいて「会員名簿を作るときの注意事項」を公表しています。

Q7 「匿名加工情報」とは、どのようなものをいいますか。

A **「匿名加工情報」とは、個人情報に一定の措置を講じて特定の個人を識別することができないようにするとともに、当該個人情報を復元できないようにしたものをいいます。**

1 「匿名加工情報」の定義

「匿名加工情報」とは、①当該個人情報に含まれる記述等の一部を削除等することにより、又は、②当該個人情報に含まれる個人識別符号の全部を削除等することにより、特定の個人を識別することができないように個人情報を加工して得られる個人に関する情報であって、当該個人情報を復元することができないようにしたものをいいます（新個情法2⑨）。

2 改正によって匿名加工情報が定められた趣旨

個人情報保護法においては、匿名加工情報については、特段定められていませんでした。

そのため、個人情報取扱事業者は、個人情報を取り扱うに際して、あらかじめ利用目的を特定し、その特定した利用目的の範囲内で個人情報を取り扱うことが求められ、目的外の利用や第三者への提供には、原則として本人の同意が必要とされていました。

もっとも、ビッグデータのように非常に膨大な量の個人情報を保有する事業者にとっては、目的外利用や第三者提供に当たってすべての本人から同意を取得するには費用や時間を費やすことになり、機動的な対応をすることができないといった状況にありました。

そこで、特定の個人を識別することができない情報であれば、その取扱いによって個人の権利利益の侵害のおそれが低いことを踏まえ、個人情報を加工して特定の個人を識別することができないようにしたものを「匿名加工情報」として新たに類型化し、個人情報の取扱いに関する規制よりも緩やかな規制による取扱いを認めることとされました。

「個人情報」とは別に、「匿名加工情報」を定めることにより、事業者による事業活動として、特に有用性の高いパーソナルデータの利活用及び流通を確保する環境が整うことが期待されます。

例えば、ポイントカードの購売履歴や交通系ICカードの乗降履歴等を複数の事業者間で分野横断的に利活用することにより、新たなサービスやイノベーションを生み出す可能性が期待されます。

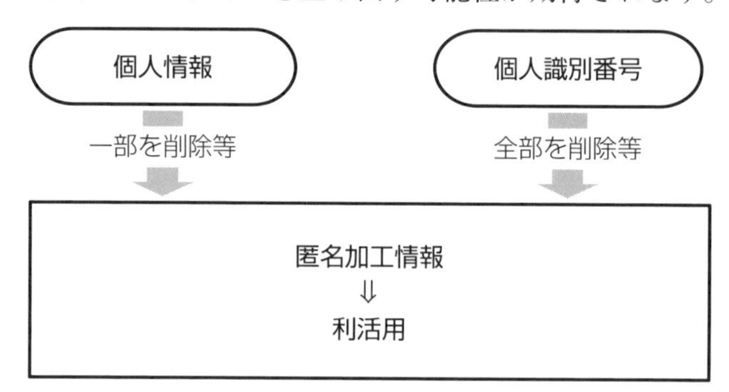

なお、個人情報保護委員会は、匿名加工情報に関して、ガイドライン（匿名加工編）や事務局レポート「パーソナルデータの利活用促進と消費者の信頼確保の両立に向けて」を公表しています。

3 「特定の個人を識別することができないように個人情報を加工」の意義

個人情報の場合には、特定の個人を識別することができなくなるように当該個人情報に含まれる氏名、生年月日その他の記述等を削除することを意味し、個人識別符号の場合には、当該個人情報に含まれる個人識別符号の全部を特定の個人を識別することができなくなるように削除することを意味します。

また、匿名加工情報に求められる「特定の個人を識別することができない」という要件は、あらゆる手法によって特定することができないよう技術的側面からすべての可能性を排除することまでを求めるものではなく、少なくとも、一般人及び一般的な事業者の能力、手法等を基準として当該情報を個人情報取扱事業者又は匿名加工情報取扱事業者が通常の方法により特定できないような状態にすることを意味します（個情法ガイドライン(匿名加工編) 2-1）。

4 「当該個人情報を復元することができないようにしたもの」の意義

1 「当該個人情報を復元することができないようにしたもの」の意義

通常の手法では匿名加工情報から匿名加工情報の作成の元となった個人情報に含まれていた特定の個人を識別することとなる記述等又は個人識別符号の内容を特定すること等により、匿名加工情報を個人情報に戻すことができない状態にすることを意味します（個情法ガイドライン(匿名加工編) 2-1）。

2 「当該個人情報を復元することができないようにしたもの」の条件

あらゆる手法によって復元することができないよう技術的側面からすべての可能性を排除することまでを求めるものではなく、少なくとも、一般人及び一般的な事業者の能力、手法等を基準として当該情報を個人情報取扱事業者又は匿名加工情報取扱事業者が通常の方法により復元できないような状態にすることを求めるものです（個情法ガイドライン(匿名加工編) 2-1）。

Q8　「匿名加工情報取扱事業者」とは、どのようなものをいいますか。

A　「匿名加工情報取扱事業者」とは、匿名加工情報データベース等を事業の用に供している者のうち、国の機関、地方公共団体、独立行政法人等及び地方独立行政法人を除いた者をいいます。

1 「匿名加工情報取扱事業者」とは

匿名加工情報取扱事業者とは、国の機関、地方公共団体、独立行政法人等及び地方独立行政法人以外の者で次の者をいいます（新個情法2⑩）。

① 匿名加工情報を含む情報の集合物であって、特定の匿名加工情報を電子計算機を用いて検索することができるように体系的に構成したものを事業の用に供している者

② 匿名加工情報を一定の規則に従って整理することにより特定の匿名加工情報を容易に検索することができるように体系的に構成した情報の集合物であって、目次、索引その他検索を容易にするためのものを事業の用に供している者

2 「事業の用に供している」の意義

「事業」とは、一定の目的をもって反復継続して遂行される同種の行為であって、かつ社会通念上事業と認められるものをいい、営利・非営利の別は問いません。

なお、法人格のない、権利能力のない社団（任意団体）又は個人であっても匿名加工情報データベース等を事業の用に供している場合は匿名加工情報取扱事業者に該当します。

Ⅱ 個人情報等に関するルール

Q1　個人情報を取り扱うに当たって、どのような点に留意する必要がありますか。

A　個人情報取扱事業者は、個人情報を取り扱うに当たって、①利用目的の特定、②利用目的の範囲内での取扱い、③適正な取得、④利用目的の通知又は公表、⑤苦情の適切かつ迅速な処理に努める、といったことに留意する必要があります。

1 個人情報の取扱いに関する義務

個人情報保護法は、個人情報取扱事業者が個人情報を取り扱うに当たって、以下の規律を定めています。

① 個人情報を取り扱うに当たっては、その利用目的をできる限り特定すること（個情法15）

② あらかじめ本人の同意を得ないで、特定された利用目的の達成に必要な範囲を超えて、個人情報を取り扱ってはならないこと（個情法16）

③ 偽りそのほか不正な手段により個人情報を取得してはならないこと（個情法17）

④ 個人情報を取得した場合は、あらかじめその利用目的を公表している場合を除き、速やかに、その利用目的を、本人に通知し又は公表すること（個情法18）

⑤ 個人情報の取扱いに関する苦情の適切かつ迅速な処理に努めなければならないこと及びその目的を達成するために必要な体制の整備に努めなければならないこと（個情法31、新個情法35）

2 「個人データ」に関する義務は適用されないこと

「個人情報」を個人情報データベース等として体系的に整理した場合、「個人データ」となり、個人情報保護法は個人データの取扱いに関する規律を定めています。もっとも「個人情報」の取扱いに関しては「個人情報」に関する規律のみが適用され、「個人データ」に関する規律（安全管理措置（個情法20）や第三者提供の制限（個情法23）等）は、適用されないことになります。

そのため、例えば、個人情報取扱事業者が、「個人情報」を第三者に提供する場合には、「個人データ」の第三者提供には該当しないため、第三者提供の制限（個情法23）の規律は適用されないことになります。

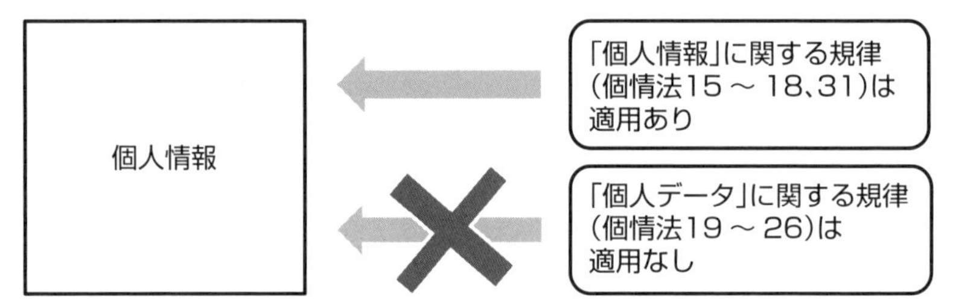

Q 2　利用目的は、どの程度特定する必要がありますか。

A　**利用目的は、できる限り具体的・個別的に特定する必要があります。**

1　利用目的の特定

個人情報取扱事業者は、個人情報を取り扱うに当たっては、その利用目的をできる限り特定しなければなりません（個情法15①）。

利用目的の特定が求められる趣旨は、①個人情報取扱事業者が、取得した個人情報を無限定に利用することを防止するために、個人情報取扱事業者自らにその利用範囲を特定させ、その目的の範囲内でのみ利用することを認識させる点、②当該個人情報取扱事業者による利用目的の通知又は公表を通じて、利用範囲について明確にさせる点、③本人自らが、当該個人情報取扱事業者による個人情報の取扱いが利用目的の範囲内にあるか否かを確認することにより、権利利益の侵害の防止に必要な対応を図ることができるようにする点にあります。

2　「できる限り」の意義

1　利用目的の具体性

利用目的を単に抽象的、一般的に特定するのではなく、可能な限り、具体的、個別的に特定することが必要です。個人情報取扱事業者によって、個人情報が、最終的にどのような事業の用に供され、どのような目的で利用されるのかが、本人にとって一般的かつ合理的に想定できる程度に具体的に特定することが望ましいといえます（個情法ガイドライン（通則編）3－1－1）。

<個情法ガイドライン（通則編）3-1-1>

【具体的に利用目的を特定している事例】
事例）事業者が商品の販売に伴い、個人から氏名・住所・メールアドレス等を取得するに当たり、「○○事業における商品の発送、関連するアフターサービス、新商品・サービスに関する情報のお知らせのために利用いたします。」等の利用目的を明示している場合

【具体的に利用目的を特定していない事例】
事例１）「事業活動に用いるため」
事例２）「マーケティング活動に用いるため」

2 利用目的の特定と業種の明示

個人情報取扱事業者が、現実にどの程度まで利用目的を具体的に特定するかに関しては、個々の個人情報取扱事業者の行う事業の種類、性質等によって異なると考えられます。例えば、個人情報取扱事業者が法人の場合、定款等に規定されている事業の内容に照らして、本人からみて、自分の個人情報が利用される範囲が合理的に予想できる程度に特定されている場合や業種を明示することで利用目的の範囲が想定される場合には、これで足りるとされることもあり得ますが、多くの場合、業種の明示だけでは利用目的をできる限り具体的に特定したことにはならないと解されます（個情法ガイドライン（通則編）3-1-1）。

また、個人情報取扱事業者が自然人等である場合にも、同種の事業を行う法人に準じて具体的に特定することが考えられます。

3 第三者への提供を想定する場合

個人情報取扱事業者が、あらかじめ、個人情報を第三者に提供することを想定している場合には、利用目的の特定に当たっては、その旨が明確に分かるよう特定しなければなりません。

Q 3　特定した利用目的を変更することはできますか。

A　特定した利用目的は、変更前の利用目的と関連性を有すると合理的に認められる範囲であれば変更することができます。

なお、利用目的を変更した場合には、変更された利用目的について、本人に通知又は公表することが必要となります。

1　利用目的の変更

個人情報取扱事業者は、利用目的を変更する場合には、変更前の利用目的と関連性を有すると合理的に認められる範囲を超えて行うことはできません（新個情法15②）。

個人情報取扱事業者が、「関連性を有すると合理的に認められる範囲」を超えて個人情報取り扱う場合には、あらかじめ本人の同意が必要になります（個情法16①）。

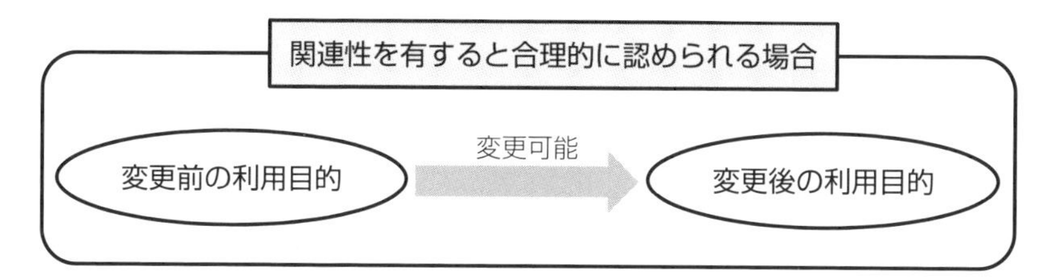

2　個人情報保護法の改正

個人情報保護法では、「個人情報取扱事業者は、利用目的を変更する場合には、変更前の利用目的と相当の関連性を有すると合理的に認められる範囲を超えて行ってはならない。」（傍点は筆者によります。）と定められており、変更前の利用目的と「相当の」関連性（個人情報取扱事業者によっていったん特定された利用目的からみて、予測することが困難でない程度の関連性）を有することが要件とされていました（個情法15②）。

これに対し、新個人情報保護法では、個人情報保護法において定められていた「相当の」という文言を削除し、単に「関連性を有する」と定められました。「相当の」という要件が削除されことにより、個人情報取扱事業者にとっては、変更できる利用目的の範囲が拡大したことになります。

利用目的の変更の範囲を拡大した趣旨は、個人情報取扱事業者に利用目的を特定させる趣旨を損なわないようにしつつ、個人情報取扱事業者による個人情報の円滑な利用を可能とする点にあります。

3「合理的に認められる」の意義

変更後の利用目的が変更前の利用目的からみて、社会通念上、本人が通常予期し得る限度と客観的に認められる範囲内を意味し、総合的に勘案して判断されることになります。

個人情報取扱事業者によって利用目的が変更された場合であっても、当該変更は本人の予期し得る範囲内となるため、本人が予想もしていない利用目的で、本人の個人情報が取り扱われることを防止することになります。

4 利用目的を変更した場合の手続

個人情報取扱事業者が、利用目的を変更した場合には、変更された利用目的を本人に通知又は公表しなければなりません（個情法18③）。

Q4　どのような場合に、あらかじめ特定した利用目的の範囲を超えて個人情報を取り扱うことはできますか。

A　あらかじめ本人の同意がある場合や合併等によって他の個人情報取扱事業者から事業を承継するのに伴って個人情報を取得した場合、個人情報保護法で定められた例外事由に該当する場合には利用目的の範囲を超えて個人情報を取り扱うことができます。

1 利用目的による制限

個人情報取扱事業者は、あらかじめ本人の同意を得ないで、特定した利用目的の達成に必要な範囲を超えて、個人情報を取り扱うことはできません（個情法16①）。

2 本人の同意がある場合

あらかじめ本人の同意がある場合には、当初特定した利用目的の範囲を超えて個人情報を取り扱うことができます。

本人が同意している以上、個人情報取扱事業者が特定した利用目的の達成に必要な範囲を超えて個人情報を利用しても本人にとって予期し得ない利用とはならないと考えられるからです。

3 合併等によって他の個人情報取扱事業者から事業を承継するのに伴って個人情報を取得した場合

個人情報取扱事業者は、合併その他の事由により他の個人情報取扱事業者から事業を承継することに伴って個人情報を取得した場合は、本人の同意なく、承継前における当該個人情報の利用目的の達成に必要な範囲であれば、当該個人情報を取り扱うことができます（個情法16②）。

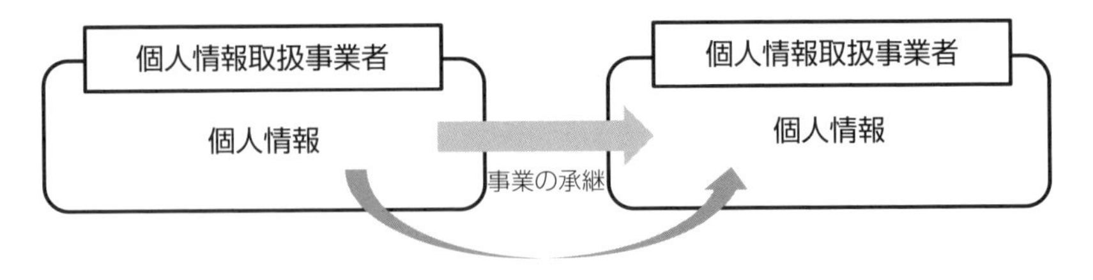

＊承継前の利用目的の達成の範囲内で利用可能

なお、事業の承継後に、承継前の利用目的の達成に必要な範囲を超えて、個人情報を取り扱う場合は、あらかじめ本人の同意を得る必要がありますが、当該同意を得るために個人情報を利用すること（メールの送信や電話をかけること等）は、承継前の利用目的として記載されていない場合でも、目的外利用には該当しないと考えられます（個情法ガイドライン（通則編）3－1－4）。

4 例外事由

個人情報取扱事業者は、以下の例外事由に該当する場合には、利用目的の範囲を超えて個人情報を取り扱うことができます（個情法16③）。

1 法令に基づく場合

【例】①　警察の捜査関係事項照会に対応する場合（刑訴法197②）

②　税務署の所得税等に関する調査に対応する場合（国通法74の２他）

③　弁護士会からの照会に対応する場合（弁護士法23の２）

2 人の生命、身体又は財産の保護のために必要がある場合であって、本人の同意を得ることが困難であるとき

【例】①　急病その他の事態が生じたときに、本人について、その血液型や家族の連絡先等を医師や看護師に提供する場合

②　大規模災害や事故等の緊急時に、被災者情報・負傷者情報等を家族、行政機関、地方自治体等に提供する場合

③　事業者間において、暴力団等の反社会的勢力情報、振り込め詐欺に利用された口座に関する情報、意図的に業務妨害を行う者の情報について共有する場合

3 公衆衛生の向上又は児童の健全な育成の推進のために特に必要がある場合であって、本人の同意を得ることが困難であるとき

【例】①　児童生徒の不登校や不良行為等について、児童相談所、学校、医療機関等の関係機関が連携して対応するために、当該関係機関等の間で当該児童生徒の情報を交換する場合

②　児童虐待のおそれのある家庭情報を、児童相談所、警察、学校、病院等が共有する必要がある場合

4 国の機関若しくは地方公共団体又はその委託を受けた者が法令の定める事務を遂行することに対して協力する必要がある場合であって、本人の同意を得ることにより当該事務の遂行に支障を及ぼすおそれがあるとき

【例】①　事業者が税務署又は税関の職員等の任意の求めに応じて個人情報を提出する場合

②　一般統計調査や地方公共団体が行う統計調査に回答する場合

Q5　個人情報を取得する際には、本人の同意は必要ですか。

A　**個人情報を取得する際に本人の同意は必要ではありませんが、適正に取得しなければなりません。**

1 個人情報の適正な取得

1 「偽りその他不正な手段」による取得の禁止

個人情報保護法上、個人情報取扱事業者が、個人情報を取得する際に、本人の同意は必要とされていませんが、偽りその他不正の手段により個人情報を取得することはできません（個情法17）。

なお、理由の如何を問わず個人情報が不正に取得されてはならないため、例外事由は定められていません。

2 「個人情報の適正な取得」の趣旨

個人の権利利益を保護するという個人情報保護法の目的（個情法1）からすれば、個人情報取扱事業者が、個人情報を適正に取得しなければならないのは当然のことですが、個人情報保護法が、個人情報の適正な取得を定めた趣旨は、個人情報の取得に際しては本人の同意が必要とされていないため、個人情報の不正取得の禁止を明確に確認した点にあります。

2 「偽りその他不正の手段」の意義

本人に対して個人情報の収集の事実若しくは収集の目的を告げず、又は収集の目的を偽ること等の手段を意味し、違法な手段に限られるものではありません。

例えば、名簿業者が、名簿を作成し販売する目的を秘して、本人から個人情報取得する場合や個人情報の取扱いに関して十分な判断能力を有していない子どもから個人情報を取得する場合等が考えられます。

さらに、個人情報取扱事業者が、第三者から個人情報を取得するに際して、当該第三者が不正の手段で個人情報を取得したことを知り又は容易に知ることができるにもかかわらず、当該個人情報を取得する場合にも不正取得に該当すると考えられます。

Q６　要配慮個人情報は、どのような場合に取得できますか。

A　**要配慮個人情報は、原則としてあらかじめ本人の同意がある場合に取得できますが、個人情報保護法で定められた例外事由に該当する場合には、本人の同意がなくても取得することができます。**

1　要配慮個人情報の取得に関する規制

1　要配慮個人情報の取得に伴う本人の同意の必要性

個人情報取扱事業者は、原則として、あらかじめ本人の同意を得ないで、要配慮個人情報を取得することはできません（新個情法17②）。

要配慮個人情報は、その取扱いによっては、差別や偏見を生じるおそれがあるため、特に慎重な取扱いが求められる情報として類型化され、個人情報とは別に特別の規律が定められています。

要配慮個人情報の取得に関して本人の同意を必要とした趣旨は、本人の関知しないところで、当該本人に関する要配慮個人情報が取得されること及びそれに基づいて本人が差別的取扱いを受けることを防止する点にあります。

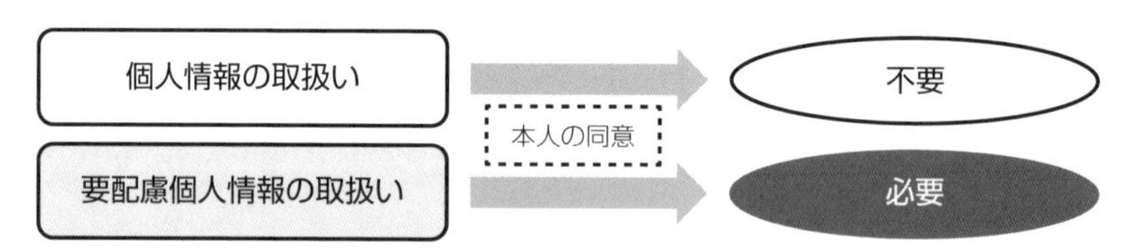

2　要配慮個人情報取得時における「本人の同意」の意義

個人情報取扱事業者が要配慮個人情報を本人から適正に直接取得する場合は、本人が当該情報を提供したことをもって、当該個人情報取扱事業者が当該情報を取得することについて本人の同意があったものと解されます。

また、個人情報取扱事業者が要配慮個人情報を第三者提供の方法により取得した場合、提供元が要配慮個人情報の取得及び第三者提供に関する同意を取得していることが前提となるため、提供を受けた当該個人情報取扱事業者が、改めて本人から同意を得る必要はないものと解されます（個情法ガイドライン（通則編）3－2－2）。

2 例外事由

要配慮個人情報であっても、以下に該当する場合は本人の同意なく取得することができます（新個情法17②、個情令7、個情規6）。

① 法令に基づく場合
② 人の生命、身体又は財産の保護のために必要がある場合であって、本人の同意を得ることが困難であるとき
③ 公衆衛生の向上又は児童の健全な育成の推進のために特に必要がある場合であって、本人の同意を得ることが困難であるとき
④ 国の機関若しくは地方公共団体又はその委託を受けた者が法令の定める事務を遂行することに対して協力する必要がある場合であって、本人の同意を得ることにより当該事務の遂行に支障を及ぼすおそれがあるとき
⑤ 当該要配慮個人情報が、本人、国の機関、地方公共団体、新個人情報保護法76条1項各号に掲げる者、外国政府、外国の政府機関、外国の地方公共団体又は国際機関、外国において新個人情報保護法76条1項各号に掲げる者に相当する者により公開されている場合
⑥ 本人を目視し又は撮影することにより、その外形上明らかな要配慮個人情報を取得する場合
⑦ 新個人情報保護法23条5項各号に掲げる場合において、個人データである要配慮個人情報の提供を受けるとき

Q７　個人情報を取得する際には、あらかじめ利用目的を公表していなければなりませんか。

A　個人情報取扱事業者は、個人情報を取得する際に、あらかじめ利用目的を公表していなければならないわけではありませんが、あらかじめ利用目的を公表せず個人情報を取得した場合には、速やかに、その利用目的を、本人に通知し又は公表しなければなりません。

1　利用目的の通知又は公表

個人情報取扱事業者は、個人情報を取得した場合は、あらかじめその利用目的を公表している場合を除き、速やかに、その利用目的を、本人に通知し、又は公表しなければなりません（個情法18①）。

2　「公表」の意義

「公表」とは、広く一般に自己の意思を知らせること（不特定多数の人々が知ることができるように発表すること）をいい、公表に当たっては、事業の性質及び個人情報の取扱状況に応じ、合理的かつ適切な方法によらなければなりません。

＜個情法ガイドライン(通則編) 2-11＞

【公表に該当する事例】
事例１）自社のホームページのトップページから１回程度の操作で到達できる場所への掲載
事例２）自社の店舗や事務所等、顧客が訪れることが想定される場所におけるポスター等の掲示、パンフレット等の備置き・配布
事例３）（通信販売の場合）通信販売用のパンフレット・カタログ等への掲載

3 「通知」の意義

本人に直接知らしめることをいい、事業の性質及び個人情報の取扱状況に応じ、内容が本人に認識される合理的かつ適切な方法によらなければなりません。

＜個情法ガイドライン（通則編）2-10＞

【本人への通知に該当する事例】
事例1）ちらし等の文書を直接渡すことにより知らせること。
事例2）口頭又は自動応答装置等で知らせること。
事例3）電子メール、ＦＡＸ等により送信し、又は文書を郵便等で送付することにより知らせること。

Q８　個人情報を契約書などの書面によって取得する際には、どのような点に留意する必要がありますか。

A　**個人情報取扱事業者は、個人情報を契約書などの書面によって取得する際には、原則としてあらかじめ本人に対し、その利用目的を明示しなければなりません。**

1　個人情報の書面による取得の際の規制

個人情報取扱事業者は、利用目的の通知又は公表にかかわらず、本人との間で契約を締結することに伴って契約書その他の書面に記載された当該本人の個人情報を取得する場合その他本人から直接書面に記載された当該本人の個人情報を取得する場合は、原則として、あらかじめ、本人に対し、その利用目的を明示しなければなりません（個情法18②）。

●疑問に回答！●

個人情報を書面によって取得する場合とは、どのような場合ですか？

●●●●●

例えば、次の場合が想定されます。

例①）契約書、各種の申込書、アンケート用紙、懸賞応募用紙、調査票等によって本人に記入させることによって、その個人情報を取得するような場合

例②）本人から戸籍謄本、卒業・在籍証明書、住民票の写し等の交付を受ける場合

2　書面による取得の際に明示が必要とされる趣旨

個人情報取扱事業者が、個人情報を取得した場合は、あらかじめその利用目的を公表している場合を除き、速やかに、その利用目的を、本人に通知し、又は公表すれば足りるのに対し（個情法18①）、直接

本人から書面で個人情報を取得する場合には、あらかじめ本人に利用目的を明示しなければならないとされ、個人情報取扱事業者の義務が加重されています。

その趣旨は、口頭で取得された個人情報の場合はデータベース化される可能性が低いのに対し、書面によって取得された個人情報はデータベース化される可能性が高く、また、個人情報がデータベース化され利用されることによって、個人情報の流通に伴う危険が増加するため、本人に個人情報の提供の要否について慎重に判断する機会を確保する点にあります。

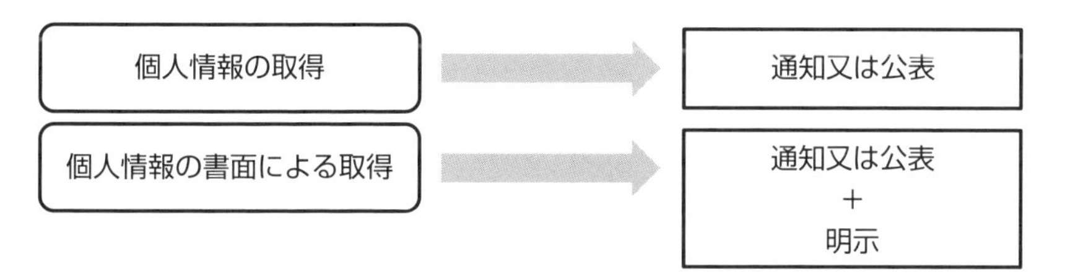

3　利用目的の公表等が不要とされる場合

個人情報を取得する場合であっても、以下の場合には、利用目的の通知・公表・明示は必要ではありません（個情法18④）。

① 利用目的を本人に通知し、又は公表することにより本人又は第三者の生命、身体、財産その他の権利利益を害するおそれがある場合

② 利用目的を本人に通知し、又は公表することにより当該個人情報取扱事業者の権利又は正当な利益を害するおそれがある場合

③ 国の機関又は地方公共団体が法令の定める事務を遂行することに対して協力する必要がある場合であって、利用目的を本人に通知し、又は公表することにより当該事務の遂行に支障を及ぼすおそれがあるとき

④ 取得の状況からみて利用目的が明らかであると認められるとき

Q９　匿名加工情報を取り扱う際の規制を教えてください。

A　匿名加工情報を取り扱う際の規制としては、次の２つの類型があります。

①　個人情報取扱事業者が匿名加工情報を作成する際に遵守しなければならない義務等

②　匿名加工情報取扱事業者が、匿名加工情報データベース等を事業の用に供している際に遵守しなければならない義務等

1　個人情報取扱事業者が匿名加工情報を作成する際に遵守しなければならない義務等

1　概要

個人情報取扱事業者が匿名加工情報を作成する際に遵守しなければならない義務等として、以下の点が挙げられます。

①　匿名加工情報を作成するときは、適正な加工を行わなければならない（新個情法36①）。

②　匿名加工情報を作成したときは、加工方法等の情報の安全管理措置を講じなければならない（新個情法36②）。

③　匿名加工情報を作成したときは、当該情報に含まれる情報の項目を公表しなければならない（新個情法36③）。

④　匿名加工情報を第三者提供するときは、提供する情報の項目及び提供方法について公表するとともに、提供先に当該情報が匿名加工情報である旨を明示しなければならない（新個情法36④）。

⑤　匿名加工情報を自ら利用するときは、元の個人情報に係る本人を識別する目的で他の情報と照合することを行ってはならない（新個情法36⑤）。

⑥　匿名加工情報を作成したときは、匿名加工情報の適正な取扱いを確保するため、安全管理措置、苦情の処理などの措置を自主的

に講じて、その内容を公表するよう努めなければならない（新個情法36⑥）。

2 匿名加工情報を作成する場合の加工の方法

❶ 匿名加工情報の作成

個人情報取扱事業者は、匿名加工情報を作成するときは、特定の個人を識別すること及びその作成に用いる個人情報を復元することができないようにするために必要なものとして個人情報保護委員会規則で定める基準に従い、当該個人情報を加工しなければなりません（新個情法36①）。

❷ 具体的な基準

具体的には、次の基準が定められています（個情規19）。

① 個人情報に含まれる特定の個人を識別することができる記述等の全部又は一部を削除すること（当該全部又は一部の記述等を復元することのできる規則性を有しない方法により他の記述等に置き換えることを含む。）。

＜個情法ガイドライン（匿名加工編）3-2-1＞

【想定される加工の事例】
事例1）氏名、住所、生年月日が含まれる個人情報を加工する場合に次の1から3までの措置を講ずる。
1）氏名を削除する。
2）住所を削除する。又は、○○県△△市に置き換える。
3）生年月日を削除する。又は、日を削除し、生年月に置き換える。

② 個人情報に含まれる個人識別符号の全部を削除すること（当該個人識別符号を復元することのできる規則性を有しない方法により他の記述等に置き換えることを含む。）。

③ 個人情報と当該個人情報に措置を講じて得られる情報とを連結する符号（現に個人情報取扱事業者において取り扱う情報を相互

に連結する符号に限る。）を削除すること（当該符号を復元することのできる規則性を有しない方法により当該個人情報と当該個人情報に措置を講じて得られる情報を連結することができない符号に置き換えることを含む。）。

④　特異な記述等を削除すること（当該特異な記述等を復元することのできる規則性を有しない方法により他の記述等に置き換えることを含む。）。

<個情法ガイドライン(匿名加工編) 3-2-4>

【想定される加工の事例】
事例1）症例数の極めて少ない病歴を削除する。
事例2）年齢が「116歳」という情報を「90歳以上」に置き換える。

⑤　前各号に掲げる措置のほか、個人情報に含まれる記述等と当該個人情報を含む個人情報データベース等を構成する他の個人情報に含まれる記述等との差異その他の当該個人情報データベース等の性質を勘案し、その結果を踏まえて適切な措置を講ずること。

2 匿名加工情報データベース等を事業の用に供している匿名加工情報取扱事業者が遵守する義務等

匿名加工情報データベース等を事業の用に供している匿名加工情報取扱事業者が遵守する義務等として、以下の点が挙げられます。

①　匿名加工情報を第三者提供するときは、提供する情報の項目及び提供方法について公表するとともに、提供先に当該情報が匿名加工情報である旨を明示しなければならない（新個情法37）。

②　匿名加工情報を利用するときは、元の個人情報に係る本人を識別する目的で、加工方法等の情報を取得し、又は他の情報と照合することを行ってはならない（新個情法38）。

③　匿名加工情報の適正な取扱いを確保するため、安全管理措置、

苦情の処理などの措置を自主的に講じて、その内容を公表するよう努めなければならない（新個情法39）。

Q 10　個人情報取扱事業者は、個人情報の取扱いに関して苦情があった場合には対応しなければなりませんか。

A　**個人情報取扱事業者は、個人情報の取扱いに関する苦情の適切かつ迅速な処理に努めなければなりません。**

1　個人情報取扱事業者による苦情の処理等

個人情報取扱事業者は、個人情報の取扱いに関する苦情の適切かつ迅速な処理に努めなければならず、また、その目的を達成するために必要な体制の整備に努めなければなりません（個情法31、新個情法35）。

その趣旨は、個人情報取扱事業者と本人等の間の苦情に関して、最終的には裁判所等の第三者機関を利用して解決をつけざるを得ない場合があるとしても、第一次的には、個人情報取扱事業者と本人等の協議によって解決が図られるべきであるし、また、解決を図ることが適当であると考えられる点にあります。

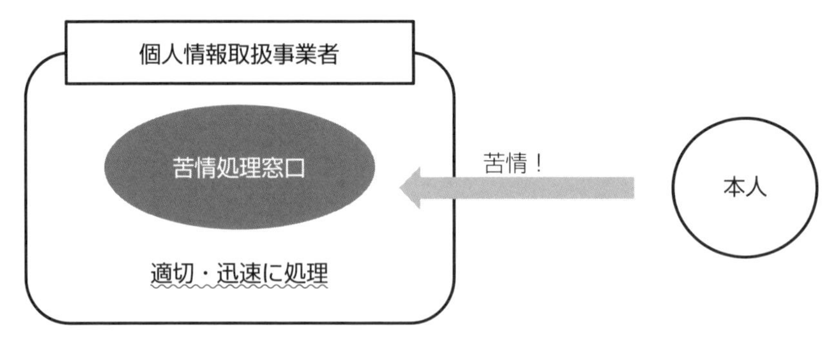

2　「個人情報の取扱いに関する苦情」の意義

個人情報取扱事業者の個人情報の取扱いに関するすべての苦情等を意味し、必ずしも本人からの苦情に限られるものではありません。

3 「必要な体制の整備」の意義

「必要な体制の整備」としては、苦情処理窓口を設置すること、担当者を決めておくこと、苦情処理の手順を定めること等が考えられます。

Ⅲ 個人データに関するルール

Q１　個人データは、常に最新の内容になるように見直す必要がありますか。

A　個人情報保護法では個人データの内容を見直す時期に関して具体的に定められてはいませんが、個人データは、利用目的の達成に必要な範囲内において正確かつ最新の内容に保つように努めなければなりません。

1 データ内容の正確性の確保

個人情報取扱事業者は、利用目的の達成に必要な範囲内において、個人データを正確かつ最新の内容に保つよう努めなければなりません(個情法19)。

2 「利用目的の達成に必要な範囲内」の意義

個人情報取扱事業者は、「利用目的の達成に必要な範囲内」で個人データの内容を見直せば足りるのであって、「利用目的の達成に必要な範囲」を超えて、個人データを一律に最新の内容にすることまでは求められているわけではありません。

3 対象となるのは「個人データ」であること

データ内容の正確性の確保等が求められるのは、「個人データ」であって「個人情報」ではありません。

「個人情報」ではなく、「個人データ」に関して正確性の確保が求められている趣旨は、データベース化されている「個人データ」に関しては、その正確性・最新性は、本人にとって特に与える影響が大きいと考えられるのに対し、データベース化されていない「個人情報」に関しては、「個人データ」と比較してその正確性・最新性が与える影響は大きくなく、また「個人情報」に関してまで正確性・最新性を求めるのは個人情報取扱事業者にとって負担が大きくなりすぎることに配慮した点にあります。

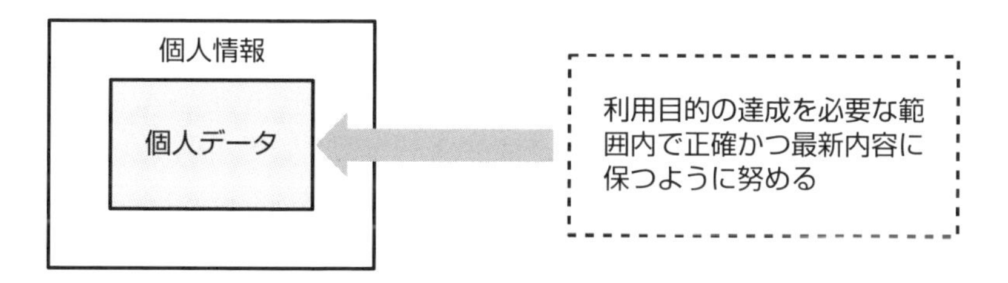

4　努力規定であること

個人データの正確性・最新性の確保については、それぞれの個人情報取扱事業者が特定した利用目的との関係で個別に判断されるものであることから、どの程度の正確性と最新性を確保する必要があるか、そのためにはどのような措置を講ずる必要があるかは一律には決めることができません。

そこで、データ内容の正確性・最新性に関して講ずべき措置については、努力規定にとどめることとされています。

Q２　個人データに関して、保管期間は定められていますか。

A　個人情報保護法では、個人データに関して保管期間は定められていませんが、利用する必要がなくなったときには当該個人データを遅滞なく消去するよう努めなければなりません。

1　利用する必要がなくなった個人データの消去

個人情報取扱事業者は、個人データを利用する必要がなくなったときは、当該個人データを遅滞なく消去するよう努めなければなりません（新個情法19）。

個人情報保護法では、個人データの消去義務に関しては特段の規定は定められていませんでした。

もっとも、本人にとっては、当該本人の個人データに関して、取得時の利用目的が達成されたか否かについて判断することは難しく、また、利用目的達成後も個人情報取扱事業者が漫然と当該個人データを保有し続けているという懸念が払しょくし得ません。

そこで、個人情報取扱事業者が、利用する必要がなくなった個人データを消去するように努めることにより、本人の懸念をできる限り払しょくすることを目的として、努力義務が新たに規定されました。

2　「利用する必要がなくなったとき」

個人データを取り扱う際に特定した利用目的が達成され、その目的との関係で当該個人データを保有する合理的な理由が存在しなくなった場合等をいいます。

なお、利用目的が既に達成されているか否かは当該個人情報取扱事業者ごとに個別の判断となります。

<個情法ガイドライン（通則編）3-3-1>

【個人データについて利用する必要がなくなったときに該当する事例】

事例）キャンペーンの懸賞品送付のため、当該キャンペーンの応募者の個人データを保有していたところ、懸賞品の発送が終わり、不着対応等のための合理的な期間が経過した場合

Q３　安全管理措置とは、具体的にどのような措置を講じる必要がありますか。

A　個人情報保護法では安全管理措置として講じなければならない具体的な措置の内容は定められていませんが、個人データが漏えい等をした場合に本人が被る権利利益の侵害の大きさを考慮し、事業の規模及び性質、個人データの取扱状況、個人データを記録した媒体の性質等に起因するリスクに応じて、必要かつ適切な措置を講じる必要があります。

個人情報保護委員会が公表しているガイドライン（通則編）等において、具体的に講じなければならない措置や当該項目を実践するための手法等が例示されています。

1　安全管理措置

1　安全管理措置義務

個人情報取扱事業者は、その取り扱う個人データの漏えい、滅失又はき損の防止その他の個人データの安全管理のために必要かつ適切な措置を講じなければなりません（個情法20）。

2　「個人データ」に関して安全管理措置を講じる必要性

情報通信技術の進展及びその活用に伴って、個人情報取扱事業者による情報漏えいリスクも高まっており、特に、個人情報がデータベース化された個人データが漏えいした場合、本人に与える影響が極めて大きいと考えられます。

他方で、データベース化されていない個人情報に関してまで安全管理措置義務を課すことは、個人情報取扱事業者に過剰な負担を課すことになるおそれがあります。

そこで、個人情報保護法では、個人情報取扱事業者に対し、個人データに関して安全管理措置を講ずる義務を定めています。

個人情報保護法において具体的にどのような措置をどの程度講じなければならないかについては定められていませんが、個人データが漏えい等をした場合に本人が被る権利利益の侵害の大きさを考慮し、事業の規模及び性質、個人データの取扱状況、個人データを記録した媒体の性質等に起因するリスクに応じて、必要かつ適切な内容としなければなりません。

2 ガイドラインによる例示

1 意義

個情法ガイドライン（通則編）において、個人情報法保護法20条に定める安全管理措置として、個人情報取扱事業者が具体的に講じなければならない措置や当該措置を実践するための手法の例等が示されていますが、ガイドラインによる例示は、必ずしも掲げる例示の内容のすべてを講じなければならないわけではなく、また、適切な手法はこれらの例示の内容に限られるものでもありません。

また、中小規模事業者については、円滑に義務を履行し得るような手法の例を別途、示しています（第２章ⅢＱ４参照）。

なお、特定の分野に関しては、個人情報保護委員会と他の省庁が連名等でガイドライン等を公表しており（第１章ⅠＱ５参照）、当該ガイドライン等においても具体的な措置や手法が例示されている場合もあります。

個人情報保護法
↓
安全管理措置義務
を定める

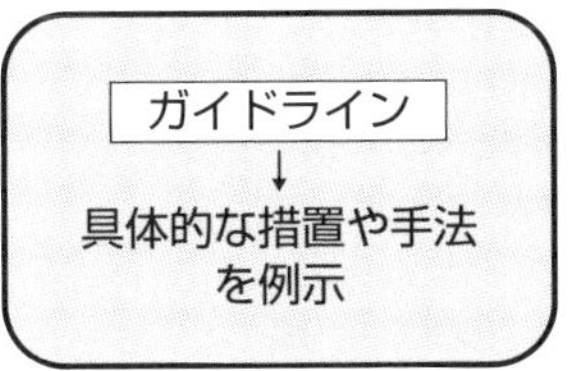

2 具体的な内容

「個情法ガイドライン（通則編）」の「（別添）講ずべき安全管理措置の内容」は以下のとおりです。

❶ 基本方針の策定

個人情報取扱事業者は、個人データの適正な取扱いの確保について組織として取り組むために、基本方針を策定することが重要となります。

❷ 個人データの取扱いに係る規律の整備

個人情報取扱事業者は、その取り扱う個人データの漏えい等の防止その他の個人データの安全管理のために、個人データの具体的な取扱いに係る規律を整備しなければなりません。

<規律の整備手法の例示>

講じなければならない措置	手法の例示
○個人データの取扱いに係る規律の整備	取得、利用、保存、提供、削除·廃棄等の段階ごとに、取扱方法、責任者・担当者及びその任務等について定める個人データの取扱規程を策定することが考えられる。 なお、具体的に定める事項については、以降に記述する組織的安全管理措置、人的安全管理措置及び物理的安全管理措置の内容並びに情報システム（パソコン等の機器を含む。）を使用して個人データを取り扱う場合（インターネット等を通じて外部と送受信等する場合を含む。）は技術的安全管理措置の内容を織り込むことが重要である。

❸ 組織的安全管理措置

個人情報取扱事業者は、組織的安全管理措置として、次に掲げる措置を講じなければなりません。

・組織体制の整備

・個人データの取扱いに係る規律に従った運用

・個人データの取扱状況を確認する手段の整備

・漏えい等の事案に対応する体制の整備

・取扱状況の把握及び安全管理措置の見直し

＜組織的安全管理措置の例示＞

講じなければならない措置	手法の例示
(1)　組織体制の整備	(組織体制として整備する項目の例) ・個人データの取扱いに関する責任者の設置及び責任の明確化 ・個人データを取り扱う従業者及びその役割の明確化 ・上記の従業者が取り扱う個人データの範囲の明確化 ・法や個人情報取扱事業者において整備されている個人データの取扱いに係る規律に違反している事実又は兆候を把握した場合の責任者への報告連絡体制 ・個人データの漏えい等の事案の発生又は兆候を把握した場合の責任者への報告連絡体制 ・個人データを複数の部署で取り扱う場合の各部署の役割分担及び責任の明確化
(2)　個人データの取扱いに係る規律に従った運用	個人データの取扱いに係る規律に従った運用を確保するため、例えば、次のような項目に関して、システムログその他の個人データの取扱いに係る記録の整備や業務日誌の作成等を通じて、個人データの取扱いの検証を可能とすることが考えられる。 ・個人情報データベース等の利用・出力状況 ・個人データが記載又は記録された書類・媒体等の持ち運び等の状況 ・個人情報データベース等の削除・廃棄の状況（委託した場合の消去・廃棄を証明する記録を含む。） ・個人情報データベース等を情報システムで取り扱う場合、担当者の情報システムの利用状況（ログイン実績、アクセスログ等）
(3)　個人データの取扱状況を確認する手段の整備	例えば、次のような項目をあらかじめ明確化しておくことにより、個人データの取扱状況を把握可能とすることが考えられる。

	・個人情報データベース等の種類、名称 ・個人データの項目 ・責任者・取扱部署 ・利用目的 ・アクセス権を有する者　等
(4)　漏えい等の事案に対応する体制の整備	漏えい等の事案の発生時に、例えば、次のような対応を行うための、体制を整備することが考えられる。 ・事実関係の調査及び原因の究明 ・影響を受ける可能性のある本人への連絡 ・個人情報保護委員会等への報告 ・再発防止策の検討及び決定 ・事実関係及び再発防止策等の公表　等
(5)　取扱状況の把握及び安全管理措置の見直し	・個人データの取扱状況について、定期的に自ら行う点検又は他部署等による監査を実施する。 ・外部の主体による監査活動と合わせて、監査を実施する。

❹　人的安全管理措置

個人情報取扱事業者は、人的安全管理措置として、次に掲げる措置を講じなければなりません。

＜従業者の教育の例示＞

講じなければならない措置	手法の例示
○従業者の教育	・個人データの取扱いに関する留意事項について、従業者に定期的な研修等を行う。 ・個人データについての秘密保持に関する事項を就業規則等に盛り込む。

❺　物理的安全管理措置

個人情報取扱事業者は、物理的安全管理措置として、次に掲げる措置を講じなければなりません。

・個人データを取り扱う区域の管理

・機器及び電子媒体等の盗難等の防止

・電子媒体等を持ち運ぶ場合の漏えい等の防止

・個人データの削除及び機器、電子媒体等の廃棄

＜物理的安全管理措置の例示＞

講じなければならない措置	手法の例示
(1)　個人データを取り扱う区域の管理	(管理区域の管理手法の例) ・入退室管理及び持ち込む機器等の制限等 　なお、入退室管理の方法としては、IC カード、ナンバーキー等による入退室管理システムの設置等が考えられる。 (取扱区域の管理手法の例) ・壁又は間仕切り等の設置、座席配置の工夫、のぞき込みを防止する措置の実施等による、権限を有しない者による個人データの閲覧等の防止
(2)　機器及び電子媒体等の盗難等の防止	・個人データを取り扱う機器、個人データが記録された電子媒体又は個人データが記載された書類等を、施錠できるキャビネット・書庫等に保管する。 ・個人データを取り扱う情報システムが機器のみで運用されている場合は、当該機器をセキュリティワイヤー等により固定する。
(3)　電子媒体等を持ち運ぶ場合の漏えい等の防止	・持ち運ぶ個人データの暗号化、パスワードによる保護等を行った上で電子媒体に保存する。 ・封緘、目隠しシールの貼付けを行う。 ・施錠できる搬送容器を利用する。
(4)　個人データの削除及び機器、電子媒体等の廃棄	(個人データが記載された書類等を廃棄する方法の例) ・焼却、溶解、適切なシュレッダー処理等の復元不可能な手段を採用する。 (個人データを削除し、又は、個人データが記録された機器、電子媒体等を廃棄する方法の例) ・情報システム（パソコン等の機器を含む。）において、個人データを削除する場合、容易に復元できない手段で援用する。 ・個人データが記録された機器・電子媒体等を廃棄する場合、専用のデータ削除ソフトウェアの利用又は物理的な破壊等の手段を採用する。

❻　技術的安全管理措置

個人情報取扱事業者は、情報システム（パソコン等の機器を含みます。）を使用して個人データを取り扱う場合（インターネット等を通じて外部と送受信等する場合を含みます。）、技術的安全管理措置として、次に掲げる措置を講じなければなりません。

・アクセス制御

・アクセス者の識別と認証

・外部からの不正アクセス等の防止

・情報システムの使用に伴う漏えい等の防止

<技術的安全措置の例示>

講じなければならない措置	手法の例示
(1)　アクセス制御	・個人情報データベース等を取り扱うことのできる情報システムを限定する。 ・情報システムによってアクセスすることのできる個人情報データベース等を限定する。 ・ユーザーIDに付与するアクセス権により、個人情報データベース等を取り扱う情報システムを使用できる従業者を限定する。
(2)　アクセス者の識別と認証	（情報システムを使用する従業者の識別・認証手法の例） ・ユーザーID、パスワード、磁気・ICカード等
(3)　外部からの不正アクセス等の防止	・情報システムと外部ネットワークとの接続箇所にファイアウォール等を設置し、不正アクセスを遮断する。 ・情報システム及び機器にセキュリティ対策ソフトウェア等（ウイルス対策ソフトウェア等）を導入する。 ・機器やソフトウェア等に標準装備されている自動更新機能等の活用により、ソフトウェア等を最新状態とする。 ・ログ等の定期的な分析により、不正アクセス等を検知する。

(4) 情報システムの使用に伴う漏えい等の防止	・情報システムの設計時に安全性を確保し、継続的に見直す（情報システムのぜい弱性を突いた攻撃への対策を講じることも含む。）。 ・個人データを含む通信の経路又は内容を暗号化する。 ・移送する個人データについて、パスワード等による保護を行う。

Q４　中小規模事業者は、どの程度の安全管理措置を講じる必要がありますか。

A　**中小規模事業者も安全管理措置を講じなければなりませんが、中小規模事業者以外の個人情報取扱事業者と同程度の安全管理措置を講じていなかったとしても、安全管理措置義務違反になるものではないと考えられます。**

1　安全管理措置義務

1　個人情報保護法における安全管理措置義務

個人情報保護法では、個人情報取扱事業者の事業規模等によって安全管理措置義務の免除や軽減措置は定められておらず、一律に義務が課されています（個情法20）。

2　安全管理措置義務に伴う負担と円滑な履行

新個人情報保護法の全面施行に伴って5,000件要件が撤廃されるため（本章ＩＱ６参照）、これまで個人情報取扱事業者に該当していなかった中小規模の事業者も、個人情報取扱事業者に該当することになり、安全管理措置を講じることが必要となりますが、個人情報取扱事業者の規模等によっては、過剰な負担となることが懸念されます。

そこで、「個情法ガイドライン（通則編）」の「（別添）講ずべき安全管理措置の内容」において、取り扱う個人データの数量及び個人データを取り扱う従業員数が一定程度にとどまる事業者（中小規模事業者）に関しては、円滑にその義務を履行し得るような手法の例が示されています。

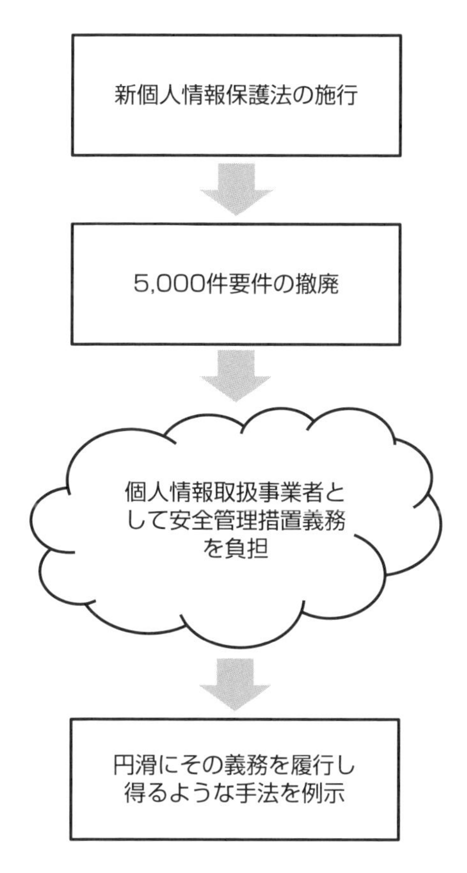

2 「中小規模事業者」とは

「中小規模事業者」とは、従業員*の数が100人以下の個人情報取扱事業者をいいます。ただし、次に掲げる者を除きます。

① その事業の用に供する個人情報データベース等を構成する個人情報によって識別される特定の個人の数の合計が過去６月以内のいずれかの日において5,000を超える者

② 委託を受けて個人データを取り扱う者

＊ 中小企業基本法（昭和38年法律154号）における従業員をいい、労働基準法（昭和22年法律49号）20条の適用を受ける労働者に相当する者をいいます。ただし、同法21条の規定により同法20条の適用が除外されている者は除きます。

3 安全管理措置に関する手法の例示

安全管理措置に関する手法の例示を示すと、下表のとおりです。

<中小事業者の安全管理措置の例示>

講じなければならない措置	中小規模事業者における手法の例示
○個人データの取扱いに係る規律の整備	・個人データの取得、利用、保存等を行う場合の基本的な取扱方法を整備する。
(1)　組織体制の整備	・個人データを取り扱う従業者が複数いる場合、責任ある立場の者とその他の者を区分する。
(2)　個人データの取扱いに係る規律に従った運用	・あらかじめ整備された基本的な取扱方法に従って個人データが取り扱われていることを、責任ある立場の者が確認する。
(3)　個人データの取扱状況を確認する手段の整備	・あらかじめ整備された基本的な取扱方法に従って個人データが取り扱われていることを、責任ある立場の者が確認する。
(4)　漏えい等の事案に対応する体制の整備	・漏えい等の事案の発生時に備え、従業者から責任ある立場の者に対する報告連絡体制等をあらかじめ確認する。
(5)　取扱状況の把握及び安全管理措置の見直し	・責任ある立場の者が、個人データの取扱状況について、定期的に点検を行う。
○従業者の教育	・個人データの取扱いに関する留意事項について、従業者に定期的な研修等を行う。 ・個人データについての秘密保持に関する事項を就業規則等に盛り込む。
(1)　個人データを取り扱う区域の管理	・個人データを取り扱うことのできる従業者及び本人以外が容易に個人データを閲覧等できないような措置を講ずる。
(2)　機器及び電子媒体等の盗難等の防止	・個人データを取り扱う機器、個人データが記録された電子媒体又は個人データが記載された書類等を、施錠できるキャビネット・書庫等に保管する。

	・個人データを取り扱う情報システムが機器のみで運用されている場合は、当該機器をセキュリティワイヤー等により固定する。
(3)　電子媒体等を持ち運ぶ場合の漏えい等の防止	・個人データが記録された電子媒体又は個人データが記載された書類等を持ち運ぶ場合、パスワードの設定、封筒に封入し鞄に入れて搬送する等、紛失・盗難等を防ぐための安全な方策を講ずる。
(4)　個人データの削除及び機器、電子媒体等の廃棄	・個人データを削除し、又は、個人データが記録された機器、電子媒体等を廃棄したことを、責任ある立場の者が確認する。
(1)　アクセス制御	・個人データを取り扱うことのできる機器及び当該機器を取り扱う従業者を明確化し、個人データへの不要なアクセスを防止する。
(2)　アクセス者の識別と認証	・機器に標準装備されているユーザー制御機能（ユーザーアカウント制御）により、個人情報データベース等を取り扱う情報システムを使用する従業者を識別・認証する。
(3)　外部からの不正アクセス等の防止	・個人データを取り扱う機器等のオペレーティングシステムを最新の状態に保持する。 ・個人データを取り扱う機器等にセキュリティ対策ソフトウェア等を導入し、自動更新機能等の活用により、これを最新状態とする。
(4)　情報システムの使用に伴う漏えい等の防止	・メール等により個人データの含まれるファイルを送信する場合に、当該ファイルへのパスワードを設定する。

Q５　従業者の監督とは、どのようなことが必要でしょうか。

A　個人情報取扱事業者は、その従業者に個人データを取り扱わせるに当たっては、安全管理措置で定める適切な管理のための措置を的確に遵守させるよう当該従業者に対し必要かつ適切な監督をしなければなりません。

1　従業者の監督

個人情報取扱事業者は、その従業者に個人データを取り扱わせるに当たっては、当該個人データの安全管理が図られるよう、当該従業者に対する必要かつ適切な監督を行わなければなりません（個情法21）。

2　「従業者」の意義

個人情報取扱事業者の組織内にあって直接間接に事業者の指揮監督を受けて事業者の業務に従事している者等をいい、雇用関係にある従業員（正社員、契約社員、嘱託社員、パート社員、アルバイト社員等）のみならず、取締役、執行役、理事、監査役、監事、派遣社員等も含まれます（個情法ガイドライン(通則編) 3－3－3）。

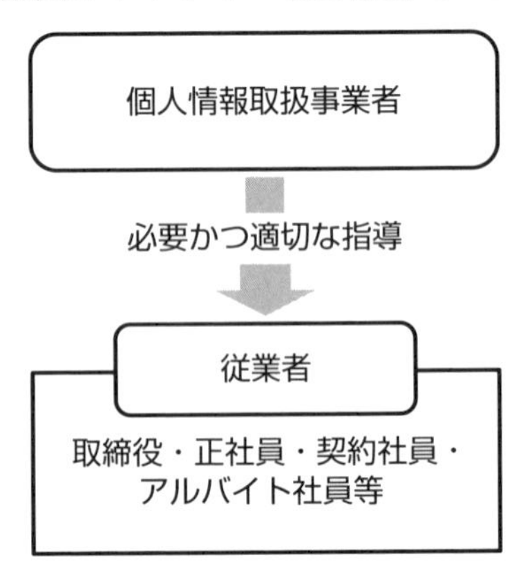

3 「従業者に対する必要かつ適切な監督を行わなければならない」の意義

個人データの適切な管理を実現するためには、個々の従業者が、個人データを取り扱うに当たって漏えい等が生じないように留意することが基本となるため、個人情報取扱事業者は、安全管理措置で定める適切な管理のための措置がその従業員によって的確に遵守されるよう当該従業者に対し必要かつ適切な監督をしなければなりません。

その際、個人データが漏えい等をした場合に本人が被る権利利益の侵害の大きさを考慮し、事業の規模及び性質、個人データの取扱状況（取り扱う個人データの性質及び量を含む。）等に起因するリスクに応じて、個人データを取り扱う従業者に対する教育、研修等の内容及び頻度を充実させるなど、必要かつ適切な措置を講ずることが望ましいとされています（個情法ガイドライン（通則編）3－3－3）。

Q６　個人データの取扱いを第三者に委託する場合、委託者としてどのようなことが必要でしょうか。

A　委託する事業の規模及び性質、個人データの取扱状況等に起因するリスクに応じて、例えば①適切な委託先の選定、②委託契約の締結、③委託先における個人データ取扱状況の把握といった必要かつ適切な措置を講じなければならなりません。

1　委託者としての監督責任

個人情報取扱事業者は、個人データの取扱いの全部又は一部を委託する場合は、その取扱いを委託された個人データの安全管理が図られるよう、委託を受けた者に対する必要かつ適切な監督を行わなければなりません（個情法22）。

2　「委託」の意義

契約の形態・種類を問わず、個人情報取扱事業者が他の者に個人データの取扱いを行わせることを意味します。

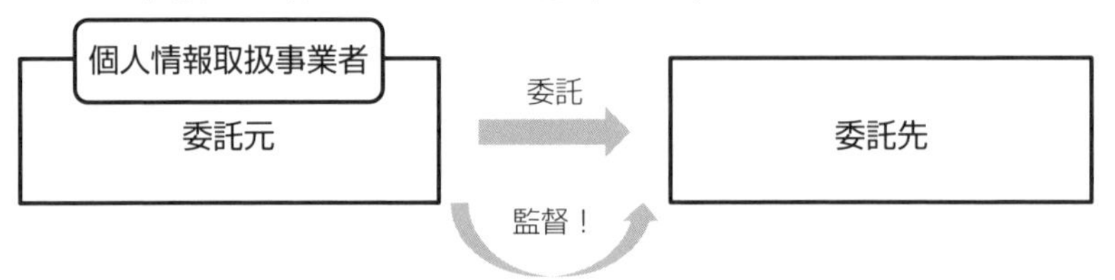

3　「安全管理」の意義

委託先において委託された個人データの漏えい、滅失又はき損を防止するために必要な措置が図られていることであり、個人情報保護法20条（安全管理措置）において個人情報取扱事業者が自ら講ずべき安全管理措置と同等の措置を指します。

もっとも、委託元が、法令が求める水準を超える高い水準の安全管理措置を講じている場合には、委託先に対してもこれと同等の措置を求める趣旨ではなく、委託先は、法令が求める水準の安全管理措置を講じれば足りると解されます。

4 「必要かつ適切な監督を行わなければならない」の意義

取扱いを委託する個人データの内容を踏まえ、個人データが漏えい等をした場合に本人が被る権利利益の侵害の大きさを考慮し、委託する事業の規模及び性質、個人データの取扱状況（取り扱う個人データの性質及び量を含む。）等に起因するリスクに応じて、次の①から③までに掲げる必要かつ適切な措置を講じなければなりません（個情法ガイドライン(通則編) 3－3－4）。

① 適切な委託先の選定
② 委託契約の締結
③ 委託先における個人データ取扱状況の把握

5 再委託の場合

個人情報取扱事業者Ａから個人情報取扱事業者Ｂに対して個人データの取扱いが委託され、さらに、個人情報取扱事業者Ｂから個人情報取扱事業者Ｃに対して個人データの取扱いが再委託されたような場合、個人情報取扱事業者Ａは、委託先の個人情報取扱事業者Ｂが再委託先である個人情報取扱事業者Ｃに対して十分な監督を行っているかについての監督責任を負うことになります。

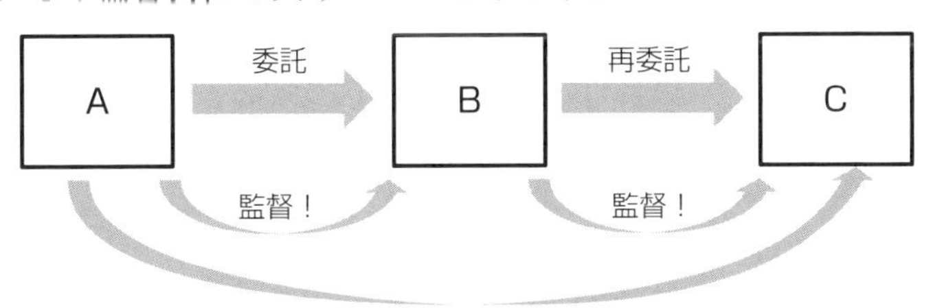

Bを介して間接的に監督

Q７　個人データを第三者に提供することはできますか。

A　個人情報取扱事業者は、原則として、あらかじめ本人の同意を得ない限り個人データを第三者に提供することはできません。
もっとも、①個人情報保護法で定められている例外事由に該当する場合、②オプトアウト手続による場合、③個人情報保護法が第三者に該当しない場合として定める場合には、個人データを第三者に提供することができます。

1　第三者への提供

1　第三者提供の制限

個人情報取扱事業者は、以下で定める例外事由に該当する場合を除いて、あらかじめ本人の同意を得ないで個人データを第三者に提供することはできません（個情法23①）。

【例外事由（23条１項各号）】
① 法令＊1に基づく場合＊2
② 人の生命、身体又は財産の保護のために必要がある場合であって、本人の同意を得ることが困難であるとき。
③ 公衆衛生の向上又は児童の健全な育成の推進のために特に必要がある場合であって、本人の同意を得ることが困難であるとき。
④ 国の機関若しくは地方公共団体又はその委託を受けた者が法令の定める事務を遂行することに対して協力する必要がある場合であって、本人の同意を得ることにより当該事務の遂行に支障を及ぼすおそれがあるとき。

＊1 「法令」には、法律・政令・府省令等の命令、条例を含みますが、行政機関内部の訓令、通達、外国の法令は含まれません。
＊2 「法令に基づく場合」には、法令に基づいて個人情報取扱事業者が個人情報を含む情報を第三者へ提供することを義務付けられている場合や法令上、提供が義務付けられてはいないものの、第三者が情報の提供を受ける

ことについて法令上の根拠がある場合を含みます。

<個情法ガイドライン(通則編)3-4-1>

【第三者提供とされる事例】(ただし、法23条5項各号の場合を除く。)
事例1)親子兄弟会社、グループ会社の間で個人データを交換する場合
事例2)フランチャイズ組織の本部と加盟店の間で個人データを交換する場合
事例3)同業者間で、特定の個人データを交換する場合

【第三者提供とされない事例】(ただし、利用目的による制限がある。)
事例)同一事業者内で他部門へ個人データを提供する場合

2 第三者提供の制限の趣旨

「個人情報」がデータベース化された「個人データ」が無制限に第三者に提供された場合には、当該本人に関する他のデータとの結合・加工が容易であることから、本人にとって不測の権利利益の侵害をもたらす可能性が増大することとなるため、個人データの第三者提供に関しては原則として本人の同意が必要とされています。

3 「第三者」の意義

第三者とは、次に掲げる者以外の者をいいます。

① 個人データを提供しようとする当該個人情報取扱事業者
② 当該個人データに係る本人
③ 新個人情報保護法23条5項各号に該当する者以外の者

●疑問に回答！●

他の会社から、以前、当社に勤務していた従業員に関する在籍確認や勤務状況等について問い合わせを受けていますが、問い合わせに答えることはできますか？

●●●●●

勤務していた従業員に関する在籍状況や勤務状況等が個人データになっている場合には、例外事由に該当する場合や当該従業員の同意がある場合等を除いて、在籍状況や勤務状況等の情報を第三者に提供することはできません。

2　オプトアウト手続

1　オプトアウト手続とは

オプトアウト手続とは、個人情報取扱事業者が、第三者に提供される個人データについて、本人の求めに応じて当該本人が識別される個人データの第三者への提供を停止することとしている場合であって、次に掲げる事項について、あらかじめ本人に通知し又は本人が容易に知り得る状態に置くとともに、個人情報保護委員会に届け出たときには、当該個人データを第三者に提供することができるという手続です。

①　第三者への提供を利用目的とすること
②　第三者に提供される個人データの項目
③　第三者への提供の方法
④　本人の求めに応じて当該本人が識別される個人データの第三者への提供を停止すること
⑤　本人の求めを受け付ける方法

2 「本人が容易に知り得る状態に置いている」の意義

第三者に個人データを提供する際の基本的な要件である「本人の同意」に代替することを認めるための要件であることから、「公表」で足りるとすることは適当ではなく、一定の事項について、本人が、時間的にもその手段においても「容易に知る」ことができると考えられる状態に置く必要があります。

例えば、①本人が来訪することが合理的に予測される事務所の窓口等への掲示・備え付けること、②本人が閲覧することが合理的に予測される個人情報取扱事業者のホームページにおいて本人が分かりやすい場所に掲載すること等、「公表」が継続的に行われている状態をいいます。

公表	<	容易に知り得る状態

3 オプトアウト手続の要件

オプトアウト手続により第三者への提供を行う場合には、本人の権利利益が不当に損なわれることを防止するため、以下の事項についての通知・公表義務が加重されています。

❶ 「第三者への提供を利用目的とすること」（個情法23②一）

個人データを第三者に提供することが利用目的であることについて明らかにすることを義務付けるものです。

❷ 「第三者に提供される個人データの項目」（新個情法23②二）

第三者に提供される個人データの項目として、例えば、住所、電話番号、預金残高、商品購入履歴等のように、どのような種類の個人データを提供するのかを明らかにすることを義務付けるものです。

❸ 「第三者への提供の手段又は方法」（新個情法23②三）

個人データを第三者へ提供する手段又は方法として、例えば、個人データを書籍として出版するのか、インターネットに掲載するのか、プリントアウトして第三者に手交するのか、といったことを明らかにすることを義務付けるものです。

❹　「本人の求めに応じて当該本人が識別される個人データの第三者への提供を停止すること」（新個情法23②四）

本項に規定されている措置を講ずることについて明らかにすべきことを確認的に規定したものです。

❺　「本人の求めを受け付ける方法」（新個情法23②五）

新個人情報保護法において、「本人の求めを受け付ける方法」を公表等すべきことが新たに定められました。

例えば、電話、メール、ホームページにおける入力フォームへの記載、書面、窓口での応対といった、本人の求めを受け付ける具体的な方法を指します。個人情報取扱事業者が、あらかじめ、本人に通知し又は本人が容易に知り得る状態に置くことにより、本人は個人情報の取扱いの停止を求める際の具体的な方法を知ることができます。

3　第三者に該当しない場合

1　類型

以下に掲げる場合には、個人データの提供を受ける者は、個人情報取扱事業者と一体のものとして取り扱うことに合理性があることから、情報の移転があってもその提供を受ける者を第三者とみなさないこととされています（個情法23④、新個情法23⑤）。

①　個人情報取扱事業者が利用目的の達成に必要な範囲内において個人データの取扱いの全部又は一部を委託することに伴って当該個人データが提供される場合

②　合併その他の事由による事業の承継に伴って個人データが提

供される場合

③　特定の者との間で共同して利用される個人データが当該特定の者に提供される場合であって、その旨並びに共同して利用される個人データの項目、共同して利用する者の範囲、利用する者の利用目的及び当該個人データの管理について責任を有する者の氏名又は名称について、あらかじめ、本人に通知し、又は本人が容易に知り得る状態に置いているとき

2 「個人情報取扱事業者が利用目的の達成に必要な範囲内において個人データの取扱いの全部又は一部を委託する場合」（個情法23④一、新個情法23⑤一）

民間の事業者が顧客情報等大量の個人データを利用するために必要となる編集・加工等の処理を他の企業に委託する場面も多く、こうした取扱いも第三者提供に該当するとしてすべての本人の同意が必要になるとすると、事実上委託行為自体が不可能となるおそれがあります。他方、個人情報取扱事業者が個人データの取扱いを委託した場合には、個人情報保護法22条により、委託先に対する監督責任が生じ、問題が生じた場合には委託元である個人情報取扱事業者も責めを負うこととなります。

そこで、これらの事情を勘案し、個人情報取扱事業者が利用目的の達成に必要な範囲内で個人データの取扱いを委託する場合には、個人情報取扱事業者が行う取扱いの一部とみなし、委託先は第三者には該当しないこととされました。

＜個情法ガイドライン（通則編）3-4-3＞

事例１）データの打ち込み等、情報処理を委託するために個人データを提供する場合

事例２）百貨店が注文を受けた商品の配送のために、宅配業者に個人データを提供する場合

3 「合併その他の事由による事業の承継に伴って個人データが提供される場合」(個情法23④二、新個情法23⑤二)

合併や事業譲渡等により事業の承継があった場合、通常その承継資産には顧客情報等の個人データが含まれ、必然的に個人データが移転すると考えられます。仮にこれを第三者提供として本人の同意を必要とすると、移転される個人データのすべての本人から同意を取る必要が生じ、事実上、事業承継が困難になるおそれがあります。

他方、個人情報取扱事業者間で事業継承に伴って個人情報が移転する場合には、個人情報保護法16条２項により利用目的も引き継がれることとなるため、本人との関係においては、単に取扱いの主体となる事業者の名称が変更したに過ぎず、個人情報の取扱いに伴う権利利益の侵害のおそれが増大することは考えにくいといえます。

そこで、これらの事情を勘案し、事業を承継する者を本条の義務の対象となる第三者に該当しないこととしたものです。

4 「個人データを特定の者との間で共同して利用する場合であって、その旨並びに共同して利用される個人データの項目、共同して利用する者の範囲、利用する者の利用目的及び当該個人データの管理について責任を有する者の氏名又は名称について、あらかじめ、本人に通知し、又は本人が容易に知り得る状態に置いているとき」(個情法23④三、新個情法23⑤三)

事業活動としてグループ企業を通じて総合的なサービスを提供する観光・旅行業の活動等、特定の会社が取得した個人情報を、本人への便益提供等のために一定の契約関係の下に特定の他者との間で相互に利用することが行われています。こうした事業活動は、本人との関係において個々の第三者提供とした場合、極めて煩雑な手続により同意の取得を求めることとなるため、あらかじめどのような種類の個人情報が、どのような目的で、どの範囲の企業間で共同利用されるかについて、通知又は本人が容易に知り得る状態に置くことにより、全体を当事者とみなす取扱いをすることが合理的であると考えられます。そのため、共同利用する特定の者は「第三者」に該当しないこととされたものです。

「共同して利用する者の範囲」は、本人からみて共同利用者の外延が明確であることは求められますが、必ずしも個別列挙を義務付けるものではありません。

また「個人データの管理について責任を有する者」とは、共同で個人情報を利用する者の中で、第一次的に苦情を受け付けその処理に尽力するとともに、個人データの内容等についてこれを是正することができる権限を有する者をいいます。

さらに「あらかじめ」とは、共同利用を開始する前をいいます。

＜個情法ガイドライン(通則法)3-4-3＞

【共同利用に該当する事例】

事例１）グループ企業で総合的なサービスを提供するために取得時の利用目的の範囲内で情報を共同利用する場合

事例２）親子兄弟会社の間で取得時の利用目的の範囲内で個人データを共同利用する場合

事例３）使用者と労働組合又は労働者の過半数を代表する者との間で取得時の利用目的の範囲内で従業者の個人データを共同利用する場合

Q 8　外国にある第三者への提供の制限について教えてください。

A　外国にある第三者に対して個人データを提供するには、①当該外国にある第三者が日本と同等の水準を有する外国として個人情報保護委員会規則で定めるものに該当する場合、②当該外国にある第三者が日本の個人情報保護法に基づくものと同様の措置を講ずる体制を整備している場合、③本人の同意を得ている場合が考えられます。

1　外国にある第三者への提供に関する新たな規制

個人情報保護法23条は、個人データの第三者提供の制限に関して定めていますが、個人データの提供先である第三者が、国内に所在するか、それとも、外国に所在するかを区別して、制限を定めていませんでした。

そのため、外国にある第三者に対して個人データを提供する場合であっても、国内にある第三者に対して個人データを提供する場合と同様に個人情報保護法23条に従うものとされていました。

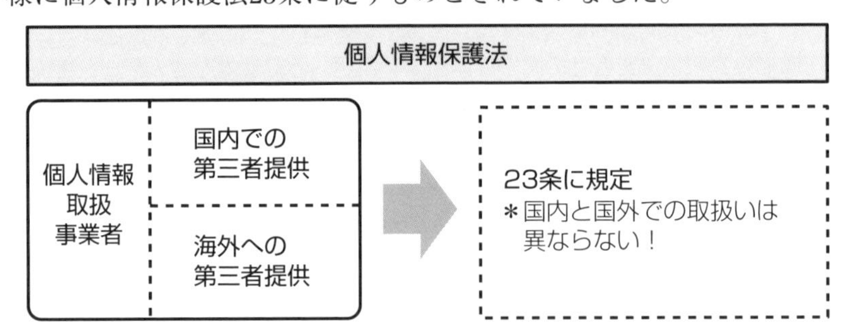

もっとも、日本に所在する個人情報取扱事業者の活動のグローバル化が加速し、外国への個人データの提供が増加していることに伴い、外国への個人データの提供に関しても制限を定め、個人データの保護を図る必要性が高まりました。

その一方で、今後もグローバル化が進むことが予測される中で、外国にある第三者に対する個人データの提供を過度に制限し、日本に所在する個人情報取扱事業者の活動を抑制することも個人情報保護法の理念の１つである個人情報の利活用にそぐわないものとなります。

そこで、新個人情報保護法24条において、外国にある第三者への提供の制限が新たに定められました。

なお、新個人情報保護法24条は、外国にある第三者への個人データの提供を原則として認めないという趣旨ではなく、その提供の規律を定めたものであり、次の①〜④のいずれかに該当する場合には、個人データを外国の第三者の提供することができます。

①　外国の第三者へ提供することについて本人の同意をとっている場合

②　第三者が日本の個人情報保護制度と同等の水準であると認められる国にある場合

③　第三者が個人情報保護法に相当する措置を継続的に行うために必要な体制を整備している場合

④　個人情報保護法23条１項各号（第２章ⅢＱ７の**1**１参照）に該当する場合

＜「外国にある第三者への提供制限」の適用＞

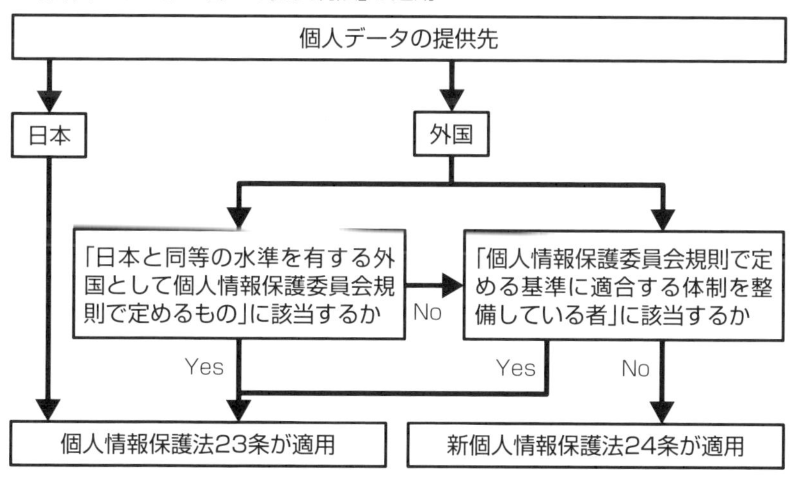

2 「外国」の意義

「外国」とは、日本の域外にある国又は地域のうち、「個人の権利利益を保護する上で我が国と同等の水準にあると認められる個人情報の保護に関する制度を有している外国として個人情報保護委員会規則で定めるもの」以外の国又は地域をいいます。

そのため、提供先が日本の域外にある国であっても、日本と同等の水準を有する外国として個人情報保護委員会規則で定めるものの場合には、新個人情報保護法24条で定める制限ではなく、これまでと同様に、同法23条の第三者提供の制限（本章ⅢＱ７参照）に服することになります。

もっとも、新個人情報保護法の施行時点において、個人情報保護委員会規則において、「我が国と同等の水準にあると認められる個人情報の保護に関する制度を有している外国」は定められていないため、現状では、当該規定が具体的に適用される場面はありません。

3 「第三者」の意義

1 「第三者」とは

第三者とは、次の者を指します。

> 個人データを提供する個人情報取扱事業者と当該個人データによって識別される本人以外の者であり、「個人データの取扱いについてこの節の規定により個人情報取扱事業者が講ずべきこととされている措置に相当する措置を継続的に講ずるために必要なものとして個人情報保護委員会規則で定める基準に適合する体制を整備している者」以外の者

また、法人の場合、個人データを提供する個人情報取扱事業者と別

の法人格を有するかどうかで第三者に該当するかを判断します。例えば、日本企業が、外国の法人格を取得している当該企業の現地子会社に個人データを提供する場合には、当該日本企業にとって「外国にある第三者」への個人データの提供に該当しますが、現地の事業所、支店など同一法人格内での個人データの移動の場合には「外国にある第三者」への個人データの提供には該当しないことになります（個情法ガイドライン（外国提供編）2－2）。

2 「個人データの取扱いについてこの節の規定により個人情報取扱事業者が講ずべきこととされている措置に相当する措置を継続的に講ずるために必要なものとして個人情報保護委員会規則で定める基準に適合する体制を整備している」の意義

個人情報保護委員会規則において、以下の基準が定められています。

（個人情報取扱事業者が講ずべきこととされている措置に相当する措置を継続的に講ずるために必要な体制の基準）
個情規11　法24条の個人情報保護委員会規則で定める基準は、次の各号のいずれかに該当することとする。
一　個人情報取扱事業者と個人データの提供を受ける者との間で、当該提供を受ける者における当該個人データの取扱いについて、適切かつ合理的な方法により、法第４章第１節の規定の趣旨に沿った措置の実施が確保されていること。
二　個人データの提供を受ける者が、個人情報の取扱いに係る国際的な枠組みに基づく認定を受けていること。

したがって、①個人情報保護法４章１節の規定の趣旨に沿った措置の実施が確保されている場合、又は②提供先が国際的な枠組みに基づく認定を受けている場合には「第三者」（新個情法24）に該当しないため、個人データの取扱いに関しては個人情報保護法23条が適用され

ることになります

❶ 「適切かつ合理的な方法」の意義

個々の事例ごとに判断されるべきですが、個人データの提供先である外国にある第三者が、我が国の個人情報取扱事業者が講ずべきこととされている措置に相当する措置を継続的に講ずることを担保することができる方法である必要があります（個情法ガイドライン(外国提供編) 3-1）。

事例1）外国にある事業者に個人データの取扱いを委託する場合
　提供元及び提供先間の契約、確認書、覚書等

事例2）同一の企業グループ内で個人データを移転する場合
　提供元及び提供先に共通して適用される内規、プライバシーポリシー等

❷ 「法第4章第1節の規定の趣旨に沿った措置」の意義

具体的には、国際的な整合性を勘案して次頁の表のとおりとなります（個情法ガイドライン(外国提供編) 3-2）。

法第4章第1節の規定の趣旨に沿った措置		（参　考）	
		OECDプライバシーガイドライン	APECプライバシーフレームワーク
第15条	利用目的の特定	○	○
第16条	利用目的による制限	○	○
第17条	適正な取得	○	○
第18条	取得に際しての利用目的の通知等	○	○
第19条	データ内容の正確性の確保等	○	○
第20条	安全管理措置	○	○
第21条	従業者の監督	○	（＊2）
第22条	委託先の監督	○	○
第23条	第三者提供の制限	○	○

第24条	外国にある第三者への提供の制限	○	○
第27条	保有個人データに関する事項の公表等	○	○
第28条	開示	○	○
第29条	訂正等	○	○
第30条	利用停止等	○	○
第31条	理由の説明	○	○
第32条	開示等の請求等に応じる手続	○	○
第33条	手数料	○	○
第35条	個人情報取扱事業者による苦情の処理	○	（＊3）

＊1　法4章1節の各規定と国際的な枠組みの基準（OECDプライバシーガイドライン及びAPECプライバシーフレームワーク）とを対比した上で、当該各規定の趣旨が当該国際的な枠組みの基準に整合していると解される場合に「○」と記載しています。

＊2　従業者の監督については、APECプライバシーフレームワークに規定はないものの、安全管理措置（法20条）の一部であることから、外国にある第三者においても措置を講じなければならないとされています。

＊3　苦情の処理については、APECプライバシーフレームワークに規定はないものの、事業者のAPECプライバシーフレームワークへの適合性を国際的に認証する制度であるAPEC越境プライバシールール（CBPR）システムに参加する事業者の参加要件となっていることから、外国にある第三者においても措置を講じなければならないとされています。

4 「本人の同意」がある場合

本人の個人データが、個人情報取扱事業者によって第三者に提供されることを承諾する旨の当該本人の意思表示をいいます。

また、「本人の同意を得（る）」とは、本人の承諾する旨の意思表示を当該個人情報取扱事業者が認識することをいい、事業の性質及び個人情報の取扱状況に応じ、本人が同意に係る判断を行うために必要と考えられる合理的かつ適切な方法によらなければなりませんが、本人の権利利益保護の観点から、外国にある第三者に個人データを提供することを明確にしなければならないと考えられます（個情法ガイドライン（外国提供編）２－１）。

●疑問に回答！●

新個人情報保護法の施行後に新たに同意を取り直す必要がありますか？

●●●●●

新個人情報保護法の施行日前になされた本人の個人情報の取扱いに関する同意がある場合において、その同意が新個人情報保護法24条の規定による個人データの外国にある第三者への提供を認める旨の同意に相当するものであるときは、同条の同意があったものとみなされます（附則３）。

Q 9　個人データの第三者提供において、個人データを提供したり、個人データの提供を受けた個人情報取扱事業者は、どのような義務を負いますか。

A　個人データを提供した個人情報取扱事業者は、当該個人データを提供した年月日、当該第三者の氏名等に関する記録を作成・保存する義務を負います。

個人データの提供を受けた個人情報取扱事業者は、当該第三者の氏名等や当該第三者による当該個人データの取得の経緯を確認し、当該個人データの提供を受けた年月日等に関する記録を作成・保存する義務を負います。

1　第三者提供に際して記録の作成・保存義務や確認義務が定められた背景

1　トレーサビリティの確保

個人情報保護法では、第三者提供に際して、記録の作成・保存義務や確認義務は定められていませんでした。

こうした中、事業者から個人情報が不正に持ち出されるという事案が発覚し、また、不正に持ち出された個人情報が、複数の名簿業者を介して転々流通していることが社会問題として広く認識されるようになりました。さらに、漏えい事故が起こった後に、個人情報の流通経路を明らかにすることが困難であることや個人情報取扱事業者において適法に入手された個人情報かどうかの確認がされないまま個人情報が流通していることが問題点として指摘されました。

そのため、個人情報の漏えい事故等が発覚した際には、個人情報の取得経路について把握することができるようにする必要性（トレーサビリティの確保）が高まっていました。

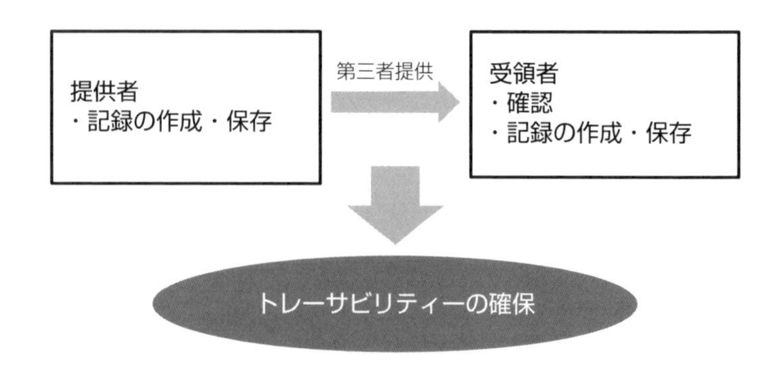

2 確認・記録義務の運用方法の整理

違法に入手された個人データの流通を抑止する趣旨を踏まえつつ、他方で確認・記録義務により、正常な事業活動を行っている個人情報取扱事業者に対する過度な負担となることを避けるために、確認・記録義務の適切な運用が整理されました。

2 個人データを提供した個人情報取扱事業者の義務

1 記録の作成義務

個人情報取扱事業者は、個人データを第三者（国の機関、地方公共団体、独立行政法人等、地方独立行政法人を除く。）に提供したときは、次の事項に関する記録を作成しなければなりません（新個情法25）。

① 当該個人データを提供した年月日

② 当該第三者の氏名又は名称

③ その他の個人情報保護委員会規則13条で定める事項

（第三者提供に係る記載事項）
個情規13条　（中略）
一　法第23条第２項の規定により個人データを第三者に提供した場合　次のイから二までに掲げる事項

イ　当該個人データを提供した年月日
ロ　当該第三者の氏名又は名称その他の当該第三者を特定するに足りる事項（不特定かつ多数の者に対して提供したときは、その旨）
ハ　当該個人データによって識別される本人の氏名その他の当該本人を特定するに足りる事項
ニ　当該個人データの項目
二　法第23条第１項又は法第24条の規定により個人データを第三者に提供した場合　次のイ及びロに掲げる事項
イ　法第23条第１項又は法第24条の本人の同意を得ている旨
ロ　前号ロからニまでに掲げる事項

ただし、当該個人データの提供が23条１項各号（本章ⅢＱ７の**1** １①～④）又は５項各号（本章ⅢＱ７の**3** ２～４）のいずれか（外国にある第三者への個人データの提供にあっては、個情法23①各号のいずれか）に該当する場合は、記録の作成義務はありません。

<個情法ガイドライン（第三者提供編）４－２－１－２：提供者の記録事項>

	提供年月日	第三者の氏名等	本人の氏名等	個人データの項目	本人の同意
オプトアウトによる第三者提供	○	○	○	○	
本人の同意による第三者提供		○	○	○	○

個人情報取扱事業者は原則として、個人データの授受の都度、速やかに記録を作成しなければなりません（個情規12②）。

ただし、一定の期間内に特定の事業者との間で継続的に又は反復して個人データを授受する場合は、個々の授受に係る記録を作成する代わりに、一括して記録を作成することができます（個情規12②ただし書）（なお、オプトアウトによる第三者提供については対象外となります。）。

また、個人情報取扱事業者が、本人に対する物品又は役務の提供に係る契約を締結し、かかる契約の履行に伴って、契約の締結の相手方を本人とする個人データを当該個人情報取扱事業者から提供を受けた場合は、当該提供の際に作成した契約書その他の書面をもって個人データの流通を追跡することが可能であることから、当該契約書その他の書面をもって記録とすることができます（個情規12③）（なお、オプトアウトによる第三者提供については対象外となります。）。

2 記録の保存義務

個人情報取扱事業者は、第三者提供に際して作成した記録を、当該記録を作成した日から委員会規則で定める期間（１年又は３年）保存しなければなりません。

（第三者提供に係る記録の保存期間）
個情規14　法第25条第２項の個人情報保護委員会規則で定める期間は、次の各号に掲げる場合の区分に応じて、それぞれ当該各号に定める期間とする。
一　第12条第３項に規定する方法により記録を作成した場合　最後に当該記録に係る個人データの提供を行った日から起算して１年を経過する日までの間
二　第12条第２項ただし書に規定する方法により記録を作成した場合　最後に当該記録に係る個人データの提供を行った日から起算して３年を経過する日までの間
三　前二号以外の場合　３年

3 個人データを受領した個人情報取扱事業者の義務

1 確認義務

個人情報取扱事業者は、第三者から個人データの提供を受けるに際しては、個人情報保護委員会規則で定めるところにより、次に掲げる事項の確認を行わなければなりません。ただし、当該個人データの提供が23条1項各号（本章ⅢＱ７の**1** １①～④）又は５項各号（本章ⅢＱ７の**3** ２～４）のいずれかに該当する場合は、この限りではありません（新個情法26①）。

（第三者提供を受ける際の確認等）
新個情法26　（中略）
一　当該第三者の氏名又は名称及び住所並びに法人にあっては、その代表者（法人でない団体で代表者又は管理人の定めのあるものにあっては、その代表者又は管理人）の氏名
二　当該第三者による当該個人データの取得の経緯

なお、「取得の経緯」を確認する趣旨としては、提供を受けようとする個人データが違法に入手されたものではないかと疑われる場合に、当該個人データの利用・流通を未然に防止する点にあります。

●疑問に回答！●

仮に個人データが違法に入手されたものではないかと疑われるにもかかわらず、個人データの提供を受けた場合には、どうなりますか？

●●●●●

個人情報保護法17条１項の規定違反と判断される可能性があります。
「取得の経緯」の具体的な内容は、個人データの内容、第三者提供の態様などにより異なり得ますが、基本的には、取得先の別（顧客としての本人、従業員としての本人、他の個人情報取扱事業者、家族・友人等の私人、いわゆる公開情報等）、取得行為の態様（本人から直接取得したか、有償で取得したか、いわゆる公開情報から取得したか、紹介により取得したか、私人として取得したものか等）などを確認しなければなりません。

第三者提供を受ける際に、第三者の氏名等の確認を行う方法は、個人データを提供する第三者から申告を受ける方法その他の適切な方法で行うことになります（個情規15①）。また、第三者による当該個人

データの取得の経緯の確認を行う方法は、個人データを提供する第三者から当該第三者による当該個人データの取得の経緯を示す契約書その他の書面の提示を受ける方法その他の適切な方法で行うことになります。

なお、第三者は、個人情報取扱事業者が確認を行う場合において、当該個人情報取扱事業者に対して、上記の確認事項を偽ることはできません（新個情法26②）。

2 記録の作成義務

個人情報取扱事業者は、確認を行ったときは、次の事項に関する記録を作成しなければなりません（新個情法26③）。

① 当該個人データの提供を受けた年月日

② 当該確認に係る事項その他の個人情報保護委員会規則17条で定める事項

（第三者提供を受ける際の記録事項）
個情規17条　法第26条第３項の個人情報保護委員会規則で定める事項は、次の各号に掲げる場合の区分に応じ、それぞれ当該各号に定める事項とする。
一　個人情報取扱事業者から法第23条第２項の規定による個人データの提供を受けた場合　次のイからホまでに掲げる事項
イ　個人データの提供を受けた年月日
ロ　法第26条第１項各号に掲げる事項
ハ　当該個人データによって識別される本人の氏名その他の当該本人を特定するに足りる事項
ニ　当該個人データの項目
ホ　法第23条第４項の規定により公表されている旨
二　個人情報取扱事業者から法第23条第１項又は法第24条の規定による個人データの提供を受けた場合　次のイ及びロに掲げる事項
イ　法第23条第１項又は法第24条の本人の同意を得ている旨
ロ　前号ロからニまでに掲げる事項
三　第三者（個人情報取扱事業者に該当する者を除く。）から個人データの提供を受けた場合　第１号ロからニまでに掲げる事項

<個情法ガイドライン（第三者提供編）4－2－2－3：受領者の記録事項>

	提供を受けた年月日	第三者の氏名等	取得の経緯	本人の氏名等	個人データの項目	個人情報保護委員会による公表	本人の同意
オプトアウトによる第三者提供	○	○	○	○	○	○	
本人の同意による第三者提供		○	○	○	○		○
私人からの第三者提供		○	○	○	○		

個人情報取扱事業者は、原則として、個人データの授受の都度、速やかに、記録を作成しなければならなりません（個情規16②）。

ただし、個人データを提供した個人情報取扱事業者の記録義務と同様に一定の簡略的な措置（上記**2** 1 参照）が定められています（同情規16②ただし書③）。

3 記録の保存義務

個人情報取扱事業者は、当該記録を作成した日から個人情報保護委員会規則で定める期間（1年又は3年）保存しなければなりません（新個情法26④）。

（第三者提供を受ける際の記録の保存期間）
個情規18　法第26条第4項の個人情報保護委員会規則で定める期間は、次の各号に掲げる場合の区分に応じて、それぞれ当該各号に定める期間とする。
　一　第16条第3項に規定する方法により記録を作成した場合　最後に当該記録に係る個人データの提供を受けた日から起算して1年を経過する日までの間
　二　第16条第2項ただし書に規定する方法により記録を作成した場合

最後に当該記録に係る個人データの提供を受けた日から起算して3年を経過する日までの間
三　前二号以外の場合　3年

4 解釈により確認・記録義務が適用されない場合

個人情報取扱事業者に対して確認・記録義務を課することにより、その事業活動に対する過度の負担となることを回避するために、個情法ガイドライン（第三者提供編）において、解釈により確認・記録義務が適用されない場合が示されています（個情法ガイドライン（第三者提供編）2－2）。

1 提供者に記録義務が課されない場合

形式的には第三者提供の外形を有する場合であっても、確認・記録義務の趣旨に鑑みて、実質的に確認・記録義務を課する必要性に乏しい第三者提供については、同義務の対象たる第三者提供には該当しないとされます

❶ 「提供者」の考え方

次の「⑴　本人による提供」又は「⑵　本人に代わって提供」に該当する場合は、実質的に「提供者」による提供ではないものとして、確認・記録義務は適用されません。

⑴　本人による提供

事業者が運営するSNS等に本人が入力した内容が、自動的に個人データとして不特定多数の第三者が取得できる状態に置かれている場合は、実質的に「本人による提供」をしているものであるといえます。したがって、個人情報取扱事業者がSNS等を通じて本人に係る個人データを取得したときでも、SNS等の運営事業者及び取得した個人情報取扱事業者の双方において、確認・記録義務は適用されませ

ん。

⑵　本人に代わって提供

個人情報取扱事業者が本人からの委託等に基づき当該本人の個人データを第三者提供する場合は、当該個人情報取扱事業者は「本人に代わって」個人データの提供をしているものであるといえます。

したがって、この場合の第三者提供については、提供者・受領者のいずれに対しても確認・記録義務は適用されません。

❷「受領者」の考え方

本人の代理人又は家族等、本人と一体と評価できる関係にある者に提供する場合、本人側に対する提供とみなし、受領者に対する提供には該当せず、確認・記録義務は適用されません。なお、常に家族であることをもって本人側と評価されるものではなく、個人データの性質、両者の関係等に鑑みて実質的に判断する必要があります。

また、提供者が、最終的に本人に提供することを意図した上で、受領者を介在して第三者提供を行い、本人がそれを明確に認識できる場合は、同じく、本人側に対する提供とみなし、確認・記録義務は適用されません。

【本人と一体と評価できる関係にある者に提供する事例】

事例）金融機関の営業員が、家族と共に来店した顧客に対して、保有金融商品の損益状況等を説明する場合

【提供者が、最終的に本人に提供することを意図した上で、受領者を介在して第三者提供を行う事例】

事例）振込依頼人の法人が、受取人の個人の氏名、口座番号などの個人データを仕向銀行を通じて被仕向銀行の振込先の口座に振り込む場合

❸「提供」行為の考え方

不特定多数の者が取得できる公開情報は、本来であれば受領者も自ら取得できる情報であり、それをあえて提供者から受領者に提供する行為は、受領者による取得行為を提供者が代行しているものであるこ

とから、実質的に確認・記録義務を課すべき第三者提供には該当せず、同義務は適用されません。

例えば、ホームページ等で公表されている情報、報道機関により報道されている情報などが該当します。

2 受領者に確認・記録義務が適用されない場合

❶ 個人情報保護法26条の「個人データ」の該当性

個人データを受領した個人情報取扱事業者の確認・記録義務（新個情法26）は「個人データ」の提供を受ける際に適用される義務であるところ、「個人情報」には該当するが「個人データ」には該当しない情報の場合、同条の確認・記録義務は適用されません。

❷ 受領者にとって「個人情報」に該当しない場合

次の事例のように、提供者にとって個人データに該当する場合であっても、受領者にとっては「個人情報」に該当しない（当然に個人データにも該当しない）情報を受領した場合は、同条の確認・記録義務は適用されません。

【受領者にとって個人情報に該当しない事例】

事例１）提供者が氏名を削除するなどして個人を特定できないようにした個人データの提供を受けた場合

事例２）提供者で管理しているID番号のみが付された個人データの提供を受けた場合

❸ 「提供を受けるに際して」

個人データを受領した個人情報取扱事業者の確認・記録義務（新個情法26）は、受領者にとって「第三者から個人データの提供を受ける」行為がある場合に適用されるため、単に閲覧する行為については、「提供を受ける」行為があるとはいえず、同条の義務は適用されません。

また、口頭、FAX、メール、電話等で、受領者の意思とは関係なく、一方的に個人データを提供された場合において、受領者側に「提供を受ける」行為がないときは、同条の確認・記録義務は適用されません。

●疑問に回答！●

「名簿業者」が名簿を売買する行為は、禁止されていないのですか？

●●●●●

個人情報保護法では、「名簿業者」を対象として、直接、その行為を規制したり、禁止したりする条項はありませんが、以下のとおり、間接的に名簿業者の行為が規制されることになります。

①　届出制等

第三者提供を届出制にし、当該届出を行った事業者や一定の事項を個人情報保護委員会が公表することになります（新個情法23②）。

②　トレーサビリティの確保

不正に取得された個人データの流通を食い止めるため、個人情報取扱事業者に対して個人データの第三者提供時の確認義務及び記録の作成・保存義務（新個情法25、26）を課すとともに、提供者に対し虚偽の申告を禁止（新個情法26②）することにより、個人情報の漏えい事故等が発覚した際には、個人情報の取得経路について把握することができるようになりました（トレーサビリティの確保）。

③　罰則の強化

個人情報の取扱いに関する業務の従事者等が個人情報を不正に持ち出し、第三者に提供して利益を得る行為を処罰できるよう、個人情報データベース等不正提供罪（新個情法83）を新設しました。

Ⅳ 保有個人データに関するルール

Q1　個人情報取扱事業者は、保有個人データに関する事項を公表する必要はありますか。

A　**個人情報取扱事業者は、保有個人データに関する一定の事項について、本人の知り得る状態又は本人の求めに応じて遅滞なく回答できる状態に置かなければなりません。**

1 保有個人データに関する事項の公表義務

1 公表すべき事項

個人情報取扱事業者は、保有個人データに関し、以下の事項について、本人の知り得る状態（本人の求めに応じて遅滞なく回答する場合を含みます。）に置かなければなりません（新個情法27①、個情令８）。

① 当該個人情報取扱事業者の氏名又は名称
② すべての保有個人データの利用目的（個情法18④一から三までに該当する場合を除く。）
③ 保有個人データの開示等の請求に応じる手続及び手数料の額を定めたときは、その手数料の額
④ 当該個人情報取扱事業者が行う保有個人データの取扱いに関する苦情の申出先
⑤ 当該個人情報取扱事業者が認定個人情報保護団体の対象事業者である場合にあっては、当該認定個人情報保護団体の名称及び苦情の解決の申出先

2 公表義務の趣旨

本人が個人情報取扱事業者に対して、開示等の請求等をする際に、その前提として本人にとって必要な事項（当該個人情報取扱事業者の氏名や利用目的、当該請求をするための手続等）を公表させることによって、権利行使の実効性を確保するとともに、保有個人データを保有する個人情報取扱事業者やその利用目的等を対外的に明らかにすることにより、個人情報取扱事業者による保有個人データの取扱いの公正性の確保を図ろうとする点にあります。

3 「本人の知り得る状態（本人の求めに応じて遅滞なく回答する場合を含む。）」の意義

本人が知ろうとすれば、知ることができる状態に置くことをいい、事業の性質及び個人情報の取扱状況に応じ、内容が本人に認識される合理的かつ適切な方法によって行わなければなりません。

＜個情法ガイドライン(通則編)3-5-1＞

【本人の知り得る状態に該当する事例】
事例１）問合せ窓口を設け、問合せがあれば、口頭又は文書で回答できるよう体制を構築しておく場合
事例２）店舗にパンフレットを備え置く場合
事例３）電子商取引において、商品を紹介するホームページに問合せ先のメールアドレスを表示する場合

なお、「本人の知り得る状態」に「本人の求めに応じて遅滞なく回答する場合を含む」こととしているのは、個人情報事業者の規模や個人情報の取扱いの態様等からみて、一律に本人の知り得る状態に置くことを義務付けることは、個人情報取扱事業者にとって過度な負担となる場合があることを考慮した点にあります。

さらに、内容に変更があった場合には、必ずその内容を変更し、常

にその時点での正確な内容を本人の知り得る状態に置かなければなりません。

2 利用目的の通知義務

1 通知義務の内容

個人情報取扱事業者は、本人から、当該本人が識別される保有個人データの利用目的の通知を求められたときは、以下の例外事由に該当する場合を除いて、本人に対し、遅滞なく、これを通知し又は通知しない旨の決定をしたときは、本人に対し、遅滞なく、その旨を通知しなければなりません（新個情法27②③）。

【例外事由】
① 保有個人データを本人の知り得る状態に置くことにより（新個情法27①)、当該本人が識別される保有個人データの利用目的が明らかな場合
② 個人情報保護法18条4項1号から3号までに該当する場合
　一　利用目的を本人に通知し、又は公表することにより本人又は第三者の生命、身体、財産その他の権利利益を害するおそれがある場合
　二　利用目的を本人に通知し、又は公表することにより当該個人情報取扱事業者の権利又は正当な利益を害するおそれがある場合
　三　国の機関又は地方公共団体が法令の定める事務を遂行することに対して協力する必要がある場合であって、利用目的を本人に通知し、又は公表することにより当該事務の遂行に支障を及ぼすおそれがあるとき

2 通知義務の趣旨

本人が個人情報取扱事業者に対し、保有個人データの利用停止等を請求する前提として、当該本人が識別される保有個人データの利用目的を知ることが必要となりますが、保有個人データに関する事項の公表義務（新個情法27①）により本人の知り得る状態に置かれた利用目的が複数ある場合において、当該保有個人データの利用目的が具体的

にどの利用目的に当たるのかが当該公表義務のみではわからないときがあるため、同条１項の規定を補充し、その実効性を確保するために、利用目的に関して特に通知を義務付けています。

また、請求をした本人が、個人情報取扱事業者から通知を受けなければ、個人情報取扱事業者が上記の例外事由に該当することを理由に通知しないのか、通知義務（新個情法27②本文）に違反して通知しないのかを判断することができないため、個人情報取扱事業者が上記の例外事由に該当することを理由に利用目的を通知しない旨を決定したときは、その旨を通知することを義務付けています。

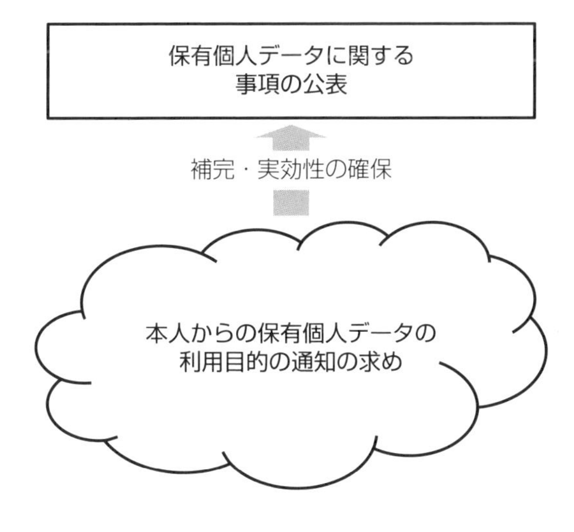

3　理由の説明

個人情報取扱事業者は、本人から求められ、又は請求された措置の全部又は一部について、その措置をとらない旨を通知する場合又はその措置と異なる措置をとる旨を通知する場合は、本人に対し、その理由を説明するよう努めなければなりません（新個情法31）。

Q2　個人情報取扱事業者は、本人から保有個人データの開示請求を受けた場合には、開示しなければなりませんか。

A　**個人情報取扱事業者は、本人から、保有個人データの開示請求を受けた場合には、当該個人情報取扱事業者の業務の適正な実施に著しい支障を及ぼすおそれがある場合等の非開示事由に該当する場合を除いて、開示しなければなりません。**

1　開示義務

個人情報取扱事業者は、本人から、当該本人が識別される保有個人データの開示請求を受けたときは、本人に対し、書面の交付による方法又は開示の請求を行った者が同意した方法により、遅滞なく、当該保有個人データを開示しなければなりません。ただし、以下の非開示事由のいずれかに該当する場合は、その全部又は一部を開示しないことができます（新個情法28①②）。

【非開示事由】
① 本人又は第三者の生命、身体、財産その他の権利利益を害するおそれがある場合
② 当該個人情報取扱事業者の業務の適正な実施に著しい支障を及ぼすおそれがある場合
③ 他の法令に違反することとなる場合

2　非開示事由の具体的な内容

開示をすることにより、他の保護すべき権利利益との調整が必要になる場合に、主に、他の保護すべき権利利益の主体に着目して、以下の3類型を設けています。

1 本人又は第三者の生命、身体、財産その他の権利利益を害するおそれがある場合

【例】 医師がその患者に対して、病名や症状等を開示することにより、患者本人の権利利益を害するおそれがある場合

なお、「第三者」とは、本人又は個人情報取扱事業者以外の者を指し、法人も含まれます。

2 当該個人情報取扱事業者の業務の適正な実施に著しい支障を及ぼすおそれがある場合

【例】 ① 当該保有個人データの中に、評価又は判断等が含まれている場合であって、開示することにより試験、人事管理等の業務の実施に著しい支障を及ぼすおそれがある場合

② 当該保有個人データが第三者から取得されたものであった場合であって、開示することにより第三者との協力関係や信頼関係を損ない、当該個人情報取扱事業者の業務の実施に著しい支障を及ぼすおそれがある場合

3 他の法令に違反することとなる場合

【例】 開示することにより、通信の秘密の保護（電子通信事業法４）に違反することとなる場合

3 非開示事由に該当するか否かの判断

当該保有個人データが上記 **2** の事由に該当するかどうかは、本人からの個々の求めに応じて、一次的には個人情報取扱事業者が客観的に判断することになります。ただし、その判断は恣意的なものであってはならず、一般的な蓋然性のあるものでなければなりません。

4 「その全部又は一部を開示しないことができる」の意義

1 「全部又は一部」の意義

非開示事由に該当する場合としては、開示を求められた保有個人データの全部が該当する場合もあれば、その一部が該当する場合もあり得ます。この一部が該当する場合において、その残りの部分だけでも開示することが可能な場合には開示が可能な部分についてはできる限り開示すべきであるという観点から、「全部又は一部」と規定されました。

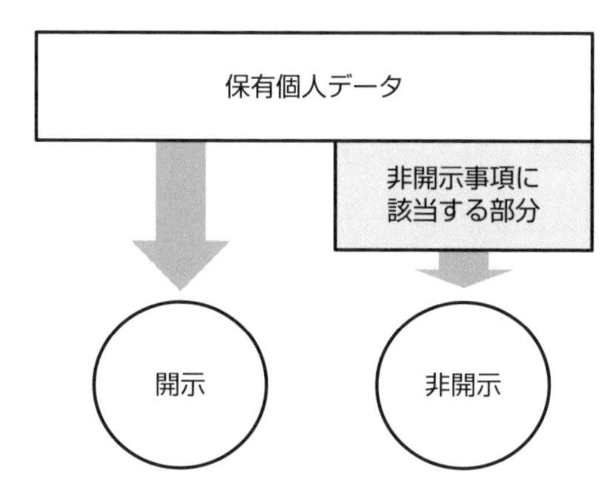

2 「開示しないことができる」の意義

また、「開示しないことができる」との規定であることから、非開示事由のいずれかに該当する場合であっても、個人情報取扱事業者の判断で開示することはあり得ます。

もっとも、上記**2** 1の本人又は第三者の生命、身体、財産その他の権利利益を害することが明らかな場合、又は上記**2** 3において、他の法令に違反することとなる場合は、一般に開示することはできないものと解されます。

●疑問に回答！●

保有個人データを開示したことを原因として、損害賠償責任を負うことがありますか？

●●●●●

個人情報取扱事業者が本人に対し、保有個人データを開示することにより、第三者の生命、身体、財産その他の権利利益を害した場合、権利利益を侵害された者から損害賠償請求を受ける可能性があります。

この場合、当該第三者の請求が認められるか否かは、個人情報取扱事業者が善管注意義務を果たしたか否か、開示による本人の利益と第三者の権利利益侵害の程度の比較衡量等により判断されるものと解されます。

3　本人以外の保有個人データが含まれている場合

個人情報取扱事業者の保有個人データであっても、当該保有個人データの中に、本人以外の第三者の個人情報（例えば、家族の氏名等）が含まれている場合があります。本人から保有個人データの開示請求があった場合、開示の対象となる保有個人データは、当該本人が識別される保有個人データであるため、個人情報取扱事業者は、本人以外の第三者の個人情報に関しては、開示する義務を負いません。

5　全部又は一部を開示しない場合の対応

個人情報取扱事業者は、本人からの請求に係る保有個人データの全部又は一部について開示しない旨の決定をしたとき又は当該保有個人データが存在しないときは、本人に対し、遅滞なく、その旨を通知しなければなりません（新個情法28③）。

6　理由の説明

個人情報取扱事業者は、本人から求められ、又は請求された措置の全部又は一部について、その措置をとらない旨を通知する場合又はその措置と異なる措置をとる旨を通知する場合は、本人に対し、その理由を説明するよう努めなければなりません（新個情法31）。

●疑問に回答！●

本人から個人情報の取得元の開示を請求された場合、これに応じなければなりませんか？

●●●●●

個人情報保護法上、本人に個人情報の取得元を明らかにすることを義務付ける規定はありません。

ただし、個人情報取扱事業者における保有個人データの内容として、個人情報の取得元まで含まれている場合には、個人情報の取得元に関しても保有個人データの一内容として開示しなければならない場合もあると考えられます。

Q3　個人情報取扱事業者は、本人から保有個人データの訂正や削除等を請求された場合には、応じなければなりませんか。

A　**個人情報取扱事業者は、本人から保有個人データの訂正や削除等を請求された場合、他の法令の規定により特別の手続が定められている場合を除き、利用目的の達成に必要な範囲内において、遅滞なく必要な調査を行い、その結果に基づき、当該保有個人データの内容の訂正や削除等を行わなければなりません。**

1　保有個人データの訂正、追加又は削除

本人は、個人情報取扱事業者に対し、当該本人が識別される保有個人データの内容が事実でないときは、当該保有個人データの内容の訂正、追加又は削除を請求することができ（新個情法29①）、個人情報取扱事業者は、かかる請求を受けた場合には、その内容の訂正等に関して他の法令の規定により特別の手続が定められている場合を除き、利用目的の達成に必要な範囲内において、遅滞なく必要な調査を行い、その結果に基づき、当該保有個人データの内容の訂正等を行わなければなりません（新個情法29②）。

2　本条の趣旨

個人情報取扱事業者が保有する保有個人データに誤った個人情報が含まれ、広く利用され、個人の権利利益が侵害されることを予防する観点から、本人に、当該本人に関する保有個人データの内容を訂正等することを認め、個人情報保護法19条（データ内容の正確性の確保）の努力義務を実効あらしめる点にあります。

3 「内容の訂正、追加又は削除」の意義

情報の誤りを正しくすること、情報が古くなって事実と異なる場合それを新しくすること、情報が不完全な場合に不足している情報を加えること、情報が不要となった場合にその情報を除くことを意味します。

4 「利用目的の達成に必要な範囲内において」の意義

①訂正等を行うことが利用目的の達成に必要でない場合には訂正等を行う必要はないこと、②訂正等を行うことが利用目的の達成に必要な場合でも、利用目的の達成に必要な時点までに訂正等を行えばよいことを意味します。

5 「必要な調査」の意義

「必要な調査」としては、個人情報取扱事業者の内部における確認のための調査など、個人情報取扱事業者にとって容易に実行が可能なものを求めるにとどまる範囲の調査を意味します。

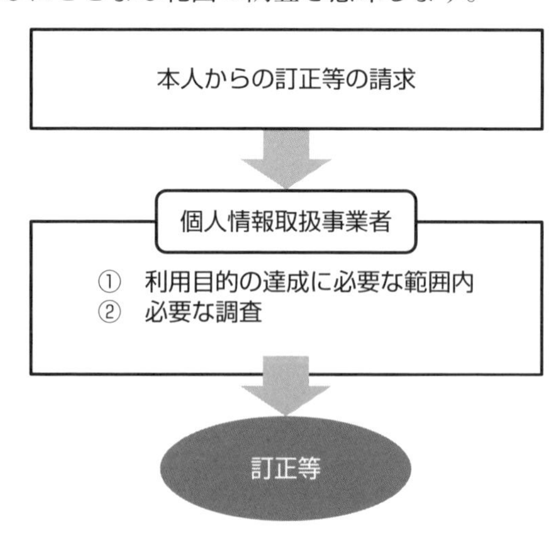

6 訂正等を行った場合等の通知

1 訂正等を行った場合等の通知

個人情報取扱事業者は、本人から訂正等の請求に係る保有個人データの内容の全部若しくは一部について訂正等を行ったとき、又は訂正等を行わない旨の決定をしたときは、本人に対し、遅滞なく、その旨（訂正等を行ったときは、その内容を含む。）を通知しなければなりません（新個情法29③）。

本人による開示請求等（新個情法28①）の場合は、本人に対し、開示がなされることから開示した旨を別途通知する必要はありませんが、訂正等の場合、訂正等が行われたのかどうか本人にはわからないため、訂正等を行った場合も、本人に対し、その旨を通知することとしたものです。

2 「訂正等を行わない場合」の意義

請求の対象となる個人データが保有個人データに存在しなかった場合、内容に誤りがなかった場合、誤りであることが判明しなかった場合、利用目的の達成に必要な範囲内でなかった場合が考えられます。

3 訂正等の内容の通知

個人情報取扱事業者が保有個人データの全部又は一部について訂正等を行った場合に、単に訂正等を行った旨のみ通知しただけでは、本人はどのように訂正等が行われたのかを知ることができないため、訂正等を行ったときは、その内容も併せて通知されることとなります。

7 理由の説明

個人情報取扱事業者は、本人から求められ、又は請求された措置の全部又は一部について、その措置をとらない旨を通知する場合又はその措置と異なる措置をとる旨を通知する場合は、本人に対し、その理由を説明するよう努めなければなりません（新個情法31）。

Q4　個人情報取扱事業者は、本人から保有個人データの利用の停止や消去を求められた場合には、応じなければなりませんか。

A　**個人情報取扱事業者は、その保有個人データが利用目的の範囲を超えて取り扱われている場合や適正に取得されたものではない場合には、違反を是正するために必要な限度で、遅滞なく、当該保有個人データの利用停止や消去を行わなければなりません。**

1　利用の停止又は消去

本人は、個人情報取扱事業者に対し、当該本人が識別される保有個人データが利用目的による制限（個情法16）に違反して取り扱われているとき又は適正な取得（個情法17）に違反して取得されたものであるときは、当該保有個人データの利用の停止又は消去を請求することができ（新個情法30①）、個人情報取扱事業者は、かかる請求を受けた場合であって、その請求に理由があることが判明したときは、違反を是正するために必要な限度で、遅滞なく、当該保有個人データの利用停止等を行わなければならなりません（新個情法30②本文）。

ただし、当該保有個人データの利用停止等に多額の費用を要する場合その他の利用停止等を行うことが困難な場合であって、本人の権利利益を保護するため必要なこれに代わるべき措置をとるときは、これに応じる必要はありません（新個情法30②ただし書）。

2　本条の趣旨

個人情報取扱事業者が、利用目的による制限（個情法16）又は適正取得（個情法17）に違反して、保有個人データを利用している場合に、個人の権利利益を保護する観点から、自己に関する情報の取扱いに最も利害を有する立場にある本人に、利用停止又は消去の請求を認めることにより、個人情報取扱事業者による義務違反の是正を実効あらしめようとする点にあります。

●疑問に回答！●

不動産会社から送付を希望していないダイレクトメールが送付されてくるのですが、ダイレクトメールの送付を止めることはできますか？

●●●●●

個人情報保護法において、ダイレクトメールの送付を止めるということは、当該不動産会社による保有個人データの利用の停止や保有個人データにおける当該本人の情報の消去を求めることになるものと考えられます。

本人は、個人情報取扱事業者が利用目的による制限（個情法16）又は適正取得（個情法17）に違反している場合には保有個人データの利用の停止又は消去を請求することができます。そのため、そのような事情がある場合には、ダイレクトメールの送付を止めることができると考えられます。

3 「利用の停止又は消去」の意義

1 「利用の停止」の意義

「利用の停止」には、利用の全面的な停止だけではなく、利用の一部停止も含みます。そのため、例えば、利用目的による制限（個情法16）に違反しているような場合は目的外利用を停止すればよく、利用目的の範囲内の利用まで停止しなければならないものではありません。

2 「消去」の意義

「消去」とは、当該データの全部又は一部をデータベース等から消し去ることをいいます（なお、保有個人データを匿名化することも

「消去」に含まれると考えられます。)。

●疑問に回答！●

「削除」(新個情法29）と「消去」(同法30）とでは、個人情報取扱事業者にとって対応が異なるのですか？

●●●●●

新個人情報保護法29条は保有個人データの内容が事実ではない場合を規定しており、他方、同法30条は保有個人データが同法16条の規定に違反して取り扱われている場合又は同法17条の規定に違反して取得されたものである場合を規定しており、その適用場面が異なります。

また、「削除」とは不要な情報を除くことであり、他方、「消去」とは保有個人データを保有個人データとして使えなくすることであり、当該データを削除することのほか、当該データから特定の個人を識別できないようにすること等を含みます。

4 「違反を是正するために必要な限度で」の意義

利用又は消去の措置は、利用目的による制限（個情法16）又は適正取得（個情法17）違反を是正するために必要な限度で行えばよく、必ずしも本人から求められた措置を講じる必要はありません。すなわち、保有個人データの消去や全部の利用の停止を求められた場合であっても、当該保有個人データの目的外利用の停止で違反状態を是正することができる場合であれば、そのような措置を講じれば義務を果たしたことになります。

5 「当該保有個人データの利用停止等に多額の費用を要する場合その他の利用停止等を行うことが困難な場合であって、本人の権利利益を保護するため必要なこれに代わるべき措置をとるときは、この限りでない」の意義

例えば、保有個人データを出版物の形態で第三者に提供する場合で

あって、偽り又は不正の手段により取得した個人データが一部に含まれており、その一部の個人データの利用停止等を行うためには、製本された出版物の刷り直しが必要となる場合には、利用停止等の義務に代えて、金銭の支払い等により本人の権利利益の保護を図ることを想定した規定です。

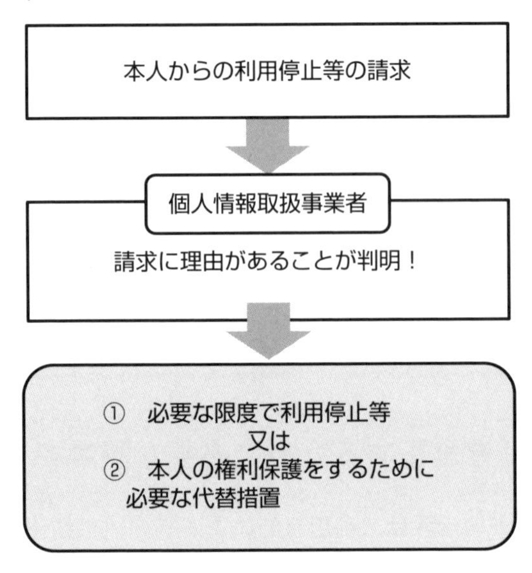

Q 5　個人情報取扱事業者は、本人から第三者提供の停止を求められた場合には、応じなければなりませんか。

A　個人情報取扱事業者が、保有個人データを第三者提供制限又は外国にある第三者への提供の制限に違反して第三者に提供している場合には、第三者への提供を停止しなければなりません。

1 第三者提供の停止

本人は、個人情報取扱事業者に対し、当該本人が識別される保有個人データが第三者提供の制限（個情法23①）又は外国にある第三者への提供の制限（新個情法24）に違反して第三者に提供されているときは、当該保有個人データの第三者への提供の停止を請求することができ（新個情法30③）、個人情報取扱事業者は、かかる請求を受けた場合であって、その請求に理由があることが判明したときは、遅滞なく、当該保有個人データの第三者への提供を停止しなければなりません。ただし、当該保有個人データの第三者への提供の停止に多額の費用を要する場合その他の第三者への提供を停止することが困難な場合であって、本人の権利利益を保護するため必要なこれに代わるべき措置をとるときは、この限りではありません（新個情法30④）。

2 「第三者への提供の停止」の意義

第三者への提供の停止とは、個人情報取扱事業者が、第三者への提供の停止を決定した以降、第三者への提供を停止することをいうものであり、既に第三者に提供された個人データを回収することまでは含まれません。

3 提供の停止を行った場合の通知

個人情報取扱事業者は、上記**1**による請求に係る保有個人データの全部若しくは一部について第三者への提供を停止したとき若しくは第三者への提供を停止しない旨の決定をしたときは、本人に対し、遅滞なく、その旨を通知しなければなりません（新個情法30⑤）。

4 理由の説明

個人情報取扱事業者は、本人から求められ、又は請求された措置の全部又は一部について、その措置をとらない旨を通知する場合又はその措置と異なる措置をとる旨を通知する場合は、本人に対し、その理由を説明するよう努めなければなりません（新個情法31）。

Q 6　保有個人データの開示等に関して、本人にその手数料を請求することはできますか。

A　個人情報取扱事業者は、保有個人データの利用目的の通知を求められた場合又は保有個人データの開示を求められた場合には、実費を勘案して合理的であると認められる範囲内において、手数料を請求することができます。

1 手数料の徴収

個人情報取扱事業者は、保有個人データの利用目的の通知を求められた場合又は保有個人データの開示を求められた場合には、当該措置の実施に関し、手数料を徴収することができます（新個情法33①）。

また、個人情報取扱事業者が、手数料を徴収する場合は、実費を勘案して合理的であると認められる範囲内において、その手数料の額を定めなければなりません（新個情法33②）。

さらに、手数料の額を定めたときは、その手数料の額を本人の知り得る状態に置かなければなりません（新個情法27①三）。

なお、個人情報取扱事業者は、結果的に不開示等とする場合も含め、手数料を徴収することができます。

2 「徴収することができる」の意義

本人の義務としてではなく、個人情報取扱事業者の権利として規定されていることから、個人情報取扱事業者が手数料を徴収せず、無料とすることも差し支えはありません。

●疑問に回答！●

保有個人データの訂正等や利用停止等を求められた場合に、本人から手数料をもらうことはできますか？

●●●●●

新個人情報保護法33条の反対解釈として、訂正等、利用停止等を請求された場合には、手数料を徴収することはできないことになります。

その理由は、訂正等や利用停止等については、そもそも内容の正確性の確保や利用目的による制限、適正な取得、第三者提供の制限等といった義務の履行を求めるものであり、本人が負担するのが妥当とは考えにくいこと、また、訂正等や利用停止等については、まず、開示を求めることや利用目的の通知を求めることが多いものと考えられることから、訂正等や利用停止等で手数料を要することとすれば、本人にとっては二重に手数料が必要となってしまうことを考慮した点にあります。

Q 7　個人情報取扱事業者に対して、保有個人データの開示や訂正等、利用停止等を求めて訴訟を提起することはできますか。

A　本人が裁判外で個人情報取扱事業者に対し保有個人データの開示や訂正等、利用停止等の請求を行った後、２週間が経過しても当該個人情報事業者がこれに応じない場合又当該個人情報取扱事業者がその請求を拒んだ場合には、訴訟を提起することができます。

1　個人情報保護法における解釈

個人情報保護法においては、本人が、個人情報取扱事業者に対する保有個人データの開示等を求めたにもかかわらず、これに応じない場合に、裁判上も行使できる請求権であるかどうかについては明確に定められておらず、これを否定する裁判例もありました。

そこで、新個人情報保護法では、本人による開示等の請求は、裁判所に訴えを提起することができる請求権であることが条文上明確にされるとともに、事前請求制度が新設されました。

2　事前請求制度

1　定義

事前請求制度とは、本人が保有個人データの開示請求（新個情法28①）、訂正等の請求（新個情法29①）、利用停止等の請求（新個情法30①）、提供停止の請求（新個情法30③）に係る訴えを提起しようとするときは、その訴えの被告となるべき者に対し、あらかじめ、当該請求を行い、かつ、その到達した日から２週間を経過した後、又は訴えの被告となるべき者が請求を拒んだ後でなければ、その訴えを提起することができないという制度です（新個情法34）。

2 事前請求制度の趣旨

開示等の請求は、本人が自らその個人情報にアクセスすることを認め、法に違反する取扱いがされている場合には自己防衛の手段ともなる重要な手続であり、その確実な実現を図るためには、司法による個別救済を認める必要性が高いと考えられます。

その一方で、開示等をめぐる事案は、特定の個人情報について、事業者が保有しているか、不開示事由に該当するものかどうか等の個別の事情が問題となるものであり、訴訟による解決よりも、個別の事案として私人間で解決することになじむ面があると考えられることや裁判上の請求権を認めることについては、それが濫用的に行使され、適切に対応している事業者にまで過重な負担がかかる懸念もあります。

そこで、当事者間の任意の解決を促進し、かつ、濫訴を防止する観点から、開示等に係る裁判上の請求を行うためには、まず裁判外で開示等の請求を行い、当該請求が到達した日から２週間を経過した後に初めて訴えの提起をすることができるものとしています。

Ⅴ 個人情報保護委員会・認定個人情報保護団体

Q1　個人情報保護委員会とは、どのような組織ですか。

A　個人情報保護委員会は、内閣府設置法49条３項の規定に基づいて、平成28年１月１日に設置された組織であり、内閣総理大臣の所轄に属しています（内閣府の外局）。

1 個人情報保護委員会の設置

平成15年に成立した個人情報保護法の下では、消費者庁が個人情報保護法を所管する一方、各主務大臣がその所管する事業分野の個人情報取扱事業者の監督を行っていました。

その結果、各主務大臣が事業分野の個人情報取扱事業者を監督することになるため、１つの個人情報取扱事業者に対して複数の主務大臣による重畳的な監督が行われることがありました。

また、ＥＵ諸国をはじめとする諸外国では、個人情報の保護を一元的に担当する独立した監督機関を設置している例が多いという状況がありました。

そこで、平成28年１月１日に施行された個人情報保護法では、個人情報保護法の所管及び同法に基づく監督を一元化することを目的とし、また、個人情報の保護に関する独立した監督機関として、個人情報保護委員会が内閣府の外局として設置されました（個情法50、新個情法59）。

なお、個人情報保護委員会は、平成26年１月１日に番号法に基づいて設置された特定個人情報保護委員会を改組したものです。

2 個人情報保護委員会の組織の概要

1 個人情報保護委員会の構成

個人情報委員会は、内閣総理大臣によって任命された委員長及び委員８人（４名は非常勤）で組織されています（個情法54①②、新個情法63①②）。委員長及び委員には、個人情報の保護及び適正かつ効果的な活用に関する学識経験のある者、消費者の保護に関して十分な知識と経験を有する者、情報処理技術に関する学識経験のある者、特定個人情報が利用される行政分野に関する学識経験のある者、民間企業の実務に関して十分な知識と経験を有する者並びに連合組織の推薦する者が含まれるものとされています（個情法54④、新個情法63④）。

また、委員長及び委員の任期は、原則として５年とされています（個情法55①、新個情法64①）。

2 事務局

個人情報保護委員会の事務を処理させるため、個人情報保護委員会に事務局が置かれています（個情法61、新個情法70）。

個人情報保護委員会の事務局は公務員のほか、民間における実務や消費者保護に精通する者等の多様な人材の登用を通じ、個人情報の保護と利活用のバランスのとれた体制となることが期待されます。

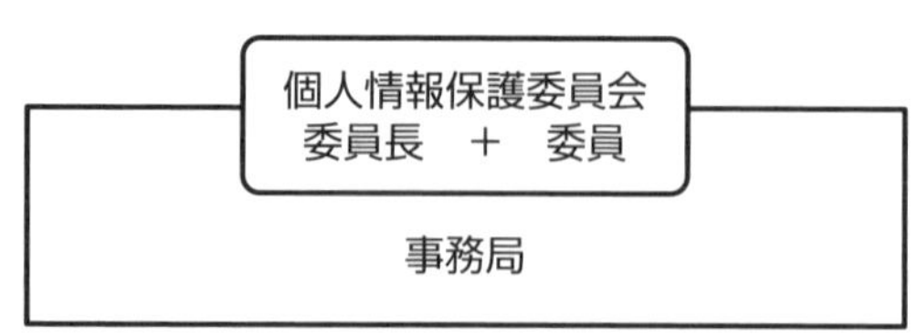

＊専門の事項を調査させるための専門委員を置くこともできます（個情法60、新個情法69）。

Q 2　個人情報保護委員会は、どのような任務・権限を有していますか。

A　個人情報保護委員会は、個人情報の有用性に配慮しつつ、個人の権利利益を保護するため、個人情報の適正な取扱いの確保を図ることを任務としています。

新個人情報保護法の全面施行後は、個人情報保護委員会は、①個人情報取扱事業者等及び個人番号を取り扱う者に対する報告徴収、立入検査、指導、助言、勧告及び命令、②認定個人情報保護団体に対する認定、認定取消し、報告徴収及び命令、③外国執行当局への情報提供等の権限を有することになります。

1　個人情報保護委員会の任務及び所掌事務

1　個人情報保護委員会の任務

個人情報保護委員会は、個人情報の適正かつ効果的な活用が新たな産業の創出並びに活力ある経済社会及び豊かな国民生活の実現に資するものであることその他の個人情報の有用性に配慮しつつ、個人の権利利益を保護するため、個人情報の適正な取扱いの確保を図ることを任務としています（個情法51、新個情法60）。

2　個人情報保護委員会の所掌事務

個人情報保護委員会は、その任務を達成するため、次に掲げる事務をつかさどることとされています（新個情法61）。

①　基本方針の策定及び推進に関すること

②　個人情報及び匿名加工情報の取扱いに関する監督並びに苦情の申出についての必要なあっせん及びその処理を行う事業者への協

力に関すること

③　認定個人情報保護団体に関すること

④　特定個人情報（番号法２⑧に規定する特定個人情報をいう。）の取扱いに関する監視又は監督並びに苦情の申出についての必要なあっせん及びその処理を行う事業者への協力に関すること

⑤　特定個人情報保護評価（番号法27①に規定する特定個人情報保護評価をいう。）に関すること

⑥　個人情報の保護及び適正かつ効果的な活用についての広報及び啓発に関すること

⑦　前各号に掲げる事務を行うために必要な調査及び研究に関すること

⑧　所掌事務に係る国際協力に関すること

⑨　前各号に掲げるもののほか、法律（法律に基づく命令を含む。）に基づき委員会に属させられた事務

2　個人情報保護委員会の権限

1　個人情報保護委員会の権限

個人情報保護委員会の権限としては、個人情報保護法の下で主務大臣（各省庁）が有していた権限に加え、個人情報取扱事業者に対する指導や立入検査の権限が加わりました。

具体的には、以下のような権限が認められています。

①　個人情報取扱事業者等に対する報告徴収、立入検査（新個情法40)、指導、助言（同41)、勧告及び命令（同42)

②　認定個人情報保護団体に対する認定（新個情法47)、報告徴収(同56)、命令（同57）及び認定取消し（同58)

③　外国執行当局への情報提供（新個情法78)

④　規則の制定（新個情法74)

等の権限を有することとなります。

これらに加え、番号利用法に基づく事務及び監督権限を引き続き有することとなります。

なお、個人情報保護法の改正によって匿名加工情報に関する制度が導入されたところ、匿名加工情報取扱事業者（匿名加工情報データベース等を事業の用に供している者）の監督も同委員会が一元的に行うこととしました。

2　報告徴収及び立入検査の権限の委任

各省庁の所管する事業分野に関する専門的知見や、所管する事業分野の事業者を監督するための体制を有効に活用するため、個人情報取扱事業者や匿名加工情報取扱事業者に対する報告徴収及び立入検査の権限については、同委員会が事業所管大臣（各省庁）に委任することができることとしています（新個情法44）。

3　事業所管大臣の求め

さらに、事業所管大臣（各省庁）は、所管する事業分野の個人情報取扱事業者等に法の規定に違反する行為がある場合等には、同委員会に対し、適当な措置をとるべきことを求めることができることとしています（新個情法45）。

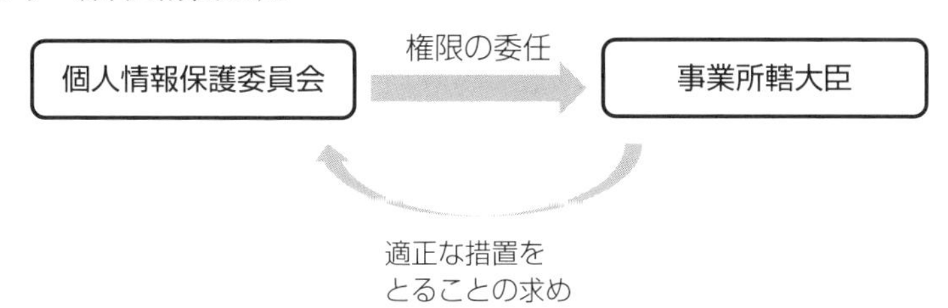

3 立入検査権限（新個情法40）

1 立入検査権限の付与

個人情報保護法では、主務大臣には報告徴収の権限しか付与されていませんでした。

もっとも、個人情報の漏えい等が発生する危険性が高まっていることに加え、漏えいした個人情報が転々流通し、個人の権利利益の侵害が速いスピードで拡大するようになっています。

このような場合には、個人情報取扱事業者に対し報告を求めてその提出を待つことなく、即座に必要な調査を行うことが有用であると考えられることから、実効性ある監督を確保すべく、個人情報保護委員会に、より強力な調査権限である立入検査権限を与えることとしました。

2 立入検査権限の範囲

個人情報保護委員会は、個人情報取扱事業者の義務（新個情法15～35)、匿名加工情報取扱事業者の義務（新個情法36～39)、及び個人情報保護委員会の監督（新個情法40～46）の規定の「施行に必要な限度において」立入検査を行うことができるとされています（新個情法40①)。個人情報取扱事業者や匿名加工情報取扱事業者からの任意での聞き取り調査や報告徴収のみでは正確な事実関係の把握や必要な資料の収集が困難な場合や報告を求めてその提出を待つことなく、即座に必要な調査を行うことが有用な場合に、立入検査を行うことが想定されます。

立入検査の具体的な内容としては、同委員会の職員が個人情報取扱事業者等の事務所等に立ち入り、個人情報又は匿名加工情報の取扱いに関して質問することや、帳簿書類等を検査することが認められています（新個情法40①)。

Q3　認定個人情報保護団体とは、どのような団体でしょうか。

A　認定個人情報保護団体とは、個人情報取扱事業者等の個人情報等の適正な取扱いの確保を目的として一定の業務を行うため、個人情報保護委員会の認定を受けた者をいいます。

1　認定個人情報保護団体とは

個人情報取扱事業者等の個人情報等の適正な取扱いの確保を目的として、①業務の対象となる個人情報取扱事業者等の個人情報等の取扱いに関する苦情の処理、②個人情報等の適正な取扱いの確保に寄与する事項についての対象事業者*に対する情報の提供、③対象事業者の個人情報等の適正な取扱いの確保に関し必要な業務を行うことを行うため、個人情報保護委員会の認定を受けた者をいいます（新個情法50、47）。

＊　認定個人情報保護団体が行う業務の対象となる個人情報取扱事業者や匿名加工情報取扱事業者のことをいいます（新個情法47①一）。
認定個人情報保護団体は、当該団体の構成員である個人情報取扱事業者等や、その業務の対象となることについて同意した個人情報取扱事業者等を、その対象事業者とすることとされています（新個情法51①）。

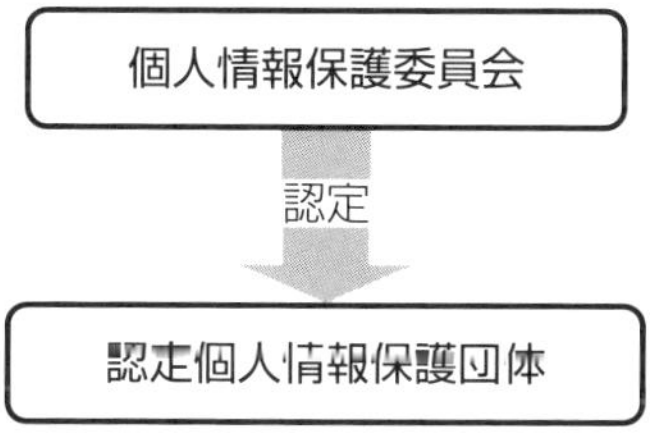

個人情報保護委員会
↓ 認定
認定個人情報保護団体

2　認定個人情報保護団体制度の意義

新個人情報保護法４章４節では「民間団体による個人情報の保護の推進」が定められ、同節（新個情法47～58）において認定個人情報保護団体に関する事項が定められています。

認定個人情報保護団体制度を設ける意義は、①本人にとっては、認定個人情報保護団体が一定レベルの公正かつ迅速な苦情処理が確保されたものとして苦情を申し出ることができる窓口となること、②個人情報取扱事業者にとっては、認定個人情報保護団体の対象事業者となることにより、個人情報保護法を遵守し、適正な個人情報の取扱いを確保している事業者であることについて国民から一定の信頼を得ることができること、また、認定個人情報保護団体が適切な情報の提供を行うことにより、個人情報取扱事業者による個人情報保護法の義務の遵守や個人情報の一層の保護のための取組が円滑に推進されるようになること、③認定を受ける団体にとっては、業務の信頼性が確保されるという効果が最も大きいものと考えられること等が挙げられます。

3 認定や認定取消し

個人情報保護法の下では、認定や認定取消し等の権限は主務大臣（各省庁）に与えられていましたが、個人情報保護委員会に集約することとしています（新個情法47、56～58）。

Q4　認定個人情報保護団体の業務を教えてください。

A　認定個人情報保護団体は、①本人等と対象事業者の間の個人情報等の取扱いに関する苦情処理、②個人情報等の適正な取扱いの確保に寄与する事項についての対象事業者に対する情報の提供、③その他対象事業者の個人情報等の適正な取扱いの確保に関し必要な業務を行っています。

1　本人等と対象事業者の間の個人情報等の取扱いに関する苦情処理

① 認定個人情報保護団体は、本人その他の関係者から対象事業者の個人情報等の取扱いに関する苦情について解決の申出があったときは、その相談に応じ、申出人に必要な助言をし、その苦情に係る事情を調査するとともに、当該対象事業者に対し、その苦情の内容を通知してその迅速な解決を求めなければなりません（新個情法52①）。

また、認定個人情報保護団体は、申出に係る苦情の解決について必要があると認めるときは、当該対象事業者に対し、文書若しくは口頭による説明を求め、又は資料の提出を求めることができます（新個情法52②）。

苦情処理は、認定個人情報保護団体の業務のうち中心となる業務といえます。

② 個人情報取扱事業者の個人情報の取扱いに関する苦情に関しては、基本的には当事者間で処理されるべきですが、利害が対立する当事者のみによる処理は困難な場合もあります。

そこで、当事者の立場を離れて公正な立場から民間団体が苦情の処理に当たることにより、実効的な苦情の処理が図られることを期待するものです。

2 個人情報等の適正な取扱いの確保に寄与する事項についての対象事業者に対する情報の提供

1 概要

個人情報取扱事業者が、個人情報保護法を遵守し、個人情報について適正な取扱いを行うことを確保するためには、必要な情報が適切に提供されることが重要となります。

そこで、認定個人情報保護団体が、対象事業者に対し、個人情報の適正な取扱いの確保に寄与する事項について情報提供を行うことが、認定個人情報保護団体の業務とされています（新個情法47①二）。具体的な情報提供の内容としては、業界別の利用目的の適切な特定の仕方、適切な安全管理措置の実施方法、開示等の請求等を受け付けるための適正な手続、苦情の適切な処理の方法等などが考えられます。

2 個人情報保護指針の作成

認定個人情報保護団体は、対象事業者の個人情報等の適正な取扱いの確保のために、個人情報に係る利用目的の特定、安全管理のための措置、開示等の請求等に応じる手続その他の事項又は匿名加工情報に係る作成の方法、その情報の安全管理のための措置その他の事項に関し、消費者の意見を代表する者その他の関係者の意見を聴いて、個人情報保護指針を作成するよう努めなければなりません（新個情法53①）。

認定個人情報保護団体が行う情報提供業務の一つとして、個人情報保護指針の作成、公表が定められています。従来、民間部門における個人情報の保護は、主として事業者団体等が策定したガイドラインを中心に行われてきた経緯があるため、こうした民間団体の自主的な取組を尊重し、さらにそれを促進させようという観点から規定が置かれています。

また、認定個人情報保護団体は、個人情報保護指針を作成したときは、遅滞なく個人情報保護委員会に届け出なければならず、個人情報保護委員会は、この届出があったときは、当該指針を公表しなければなりません（新個情法53②③）。

さらに、認定個人情報保護団体は、個人情報保護指針が公表されたときは、対象事業者に対し、当該個人情報保護指針を遵守させるため必要な指導、勧告その他の措置をとらなければなりません（新個情法53④）。

3「この法律の規定の趣旨に沿った指針」の意義

個人情報保護指針は、事業の実態等に即し、具体的な指針とすることが望まれ、上乗せ規制的な内容とすることも可能であり、個人情報保護法に規定する個人情報取扱事業者の義務は必要最小限度のものである趣旨を踏まえれば、対象事業者に対し、法律で定める以上の充実した保護措置を求めることを内容とすることがむしろ望ましいと考えられます。

3 その他対象事業者の個人情報等の適正な取扱いの確保に関し必要な業務

上記**1**、**2**のほかに対象事業者の個人情報の適正な取扱いの確保に関し必要な業務であり、具体的には、個人情報の適正な取扱いを確保するための対象事業者の従業員に対する研修、必要な資料収集、調査研究、苦情の処理等の業務に関する一般への周知広報などが考えられます。

Q５　既に主務大臣より認定個人情報保護団体としての認定を受けていますが、新個人情報保護法が施行された後に改めて個人情報保護委員会から認定を受ける必要がありますか。

A　改めて個人情報保護委員会から認定を受ける必要はありません。ただし、匿名加工情報に関して取り扱う場合には別途、認定を受ける必要があります。

1　個人情報保護法の下での主務大臣による認定の有効性

個人情報保護法の下で主務大臣が行った認定は、附則４条（下記**2**参照）の規定により新個人情報保護法の施行後も引き続き有効となります。

そのため、既存の認定個人情報保護団体は改正後に個人情報保護委員会から再度、認定を受ける必要はありません。

2　認定済み団体が再度届出を行う必要がある場合

既存の認定個人情報保護団体が匿名加工情報の取扱いに関する業務を認定業務に加える場合は、その旨と必要書類を個人情報保護委員会へ届け出ることとされ、個人情報保護委員会が判断することが予定されています。

（主務大臣がした処分等に関する経過措置）
附則４条　施行日前に第２条の規定による改正前の個人情報の保護に関する法律（以下「旧個人情報保護法」という。）又はこれに基づく命令の規定により旧個人情報保護法第36条又は第49条に規定する主務大臣（以下この条において単に「主務大臣」という。）がした勧告、命令その他の処分（※）又は通知その他の行為は、施行日以後は、新個人情報保護法又はこれに基づく命令の相当規定に基づいて、個人情報保護委員会がした勧告、命令その他の処分又は通知その他の行為とみなす。

Ⅵ 域外適用・適用除外・罰則等

Q1　日本で取得した個人情報を外国において取り扱っている事業者に対しても、個人情報保護法に基づく義務は課されますか。

A　外国の事業者であっても、日本の居住者等国内にある者に対して物品やサービスを提供して、これに関連してその者を本人とする個人情報を取得し、外国においてその個人情報等を取り扱う場合には、個人情報保護法に基づく義務が課されます。

1 外国の事業者に対する日本法の適用（域外適用）

個人情報保護法を含む日本法は、属地主義（日本法の適用は日本の領域内に限られるという考え方）のもと、原則として、外国に活動の拠点を有する外国の事業者に対しては適用されないと考えられるため、外国に活動の拠点を有する外国の事業者に対し個人情報保護法を適用（域外適用）するためには、根拠となる明文の規定が必要となります。

個人情報保護法においては、域外適用に関する明文の規定が定められていなかったため、外国に活動の拠点を有する外国の事業者には個人情報保護法の適用はないと考えられていました。

もっとも、事業者の活動や物流のグローバル化に伴う外国との電子的取引等の増加によって、外国に活動の拠点を有しつつ、日本国内向けにインターネット等で販売やサービスの提供を行い、日本の居住者から個人情報を取得する事業者も多くなっていることから、個人の権利利益を保護する必要性が高まっていました。

そこで、新個人情報保護法では、属地主義の考え方を前提にしても、日本と外国の事業者との特別の関連性が認められる場合、すなわち、日本にある者に対して販売やサービスを提供し、それに伴って個人情報を取得した場合には、日本の個人情報保護法を適用することが定められました（新個情法75）。

＜個情法ガイドライン（通則編）6-1＞

【該当する例】
① 日本に支店や営業所等を有する個人情報取扱事業者が外国にある本店において個人情報又は匿名加工情報を取り扱う場合
② 日本において個人情報を取得した個人情報取扱事業者が海外に活動拠点を移転した後に引き続き個人情報等を取り扱う場合
③ 外国のインターネット通信販売事業者が、日本の消費者からその個人情報を取得し、商品を販売・配送する場合
④ 外国のメールサービス提供事業者が、アカウント設定等のために日本の消費者からその個人情報を取得し、メールサービスを提供する場合

【該当しない例】
① 外国にある宿泊施設が、日本国内の旅行会社から宿泊者の個人情報の提供を受ける場合等、単に第三者提供を受けるなどして日本国内にある者の個人情報を取得した場合

2 「物品又は役務の提供」の意義

「物品の提供」とは有体物としての商品の販売や貸与等を意味し、「役務の提供」とは音楽や映像の販売、情報の提供等何らかのサービスの提供を意味します。

3 適用される義務の内容

新個人情報保護法75条では「15条、16条、18条（２項を除く。）、19条から25条まで、27条から36条まで、41条、42条１項、43条、76条」が適用されると定められており、適正取得（個情法17）や取得前のあらかじめの利用目的の明示（個情法18②）、第三者提供を受ける際の

確認義務（新個情法26）、匿名加工情報に関する規定の一部（同37～39）、報告立入り（同40）、勧告に係る措置等（同42②③）の各規定については明記されていません。

もっとも、適正取得及び取得前のあらかじめの利用目的の明示の規定については、個人情報の取得の行為の重要部分は国内において行われることから、適用されるものと解されます。

Q２　個人情報取扱事業者に個人情報保護法４章（個人情報取扱事業者の義務等）で定める義務が適用されない場合はありますか。

A　報道機関が報道活動の用に供する目的で個人情報を取り扱う場合等、個人情報保護法が定めるところにしたがい、特定の個人情報取扱事業者が、特定の目的で個人情報を取り扱う場合には、個人情報保護法４章で定める義務が適用されません。

1　適用除外

個人情報取扱事業者や匿名加工情報取扱事業者であっても、以下の場合には、個人情報保護法４章で定める義務は適用されません（個情法66①、新個情法76①）。

① 放送機関、新聞社、通信社その他の報道機関（報道を業として行う個人を含む。）が報道の用に供する目的で個人情報と取り扱う場合
② 著述を業として行う者が著述の用に供する目的で個人情報を取り扱う場合
③ 大学その他の学術研究を目的とする機関若しくは団体又はそれらに属する者が学術研究の用に供する目的で個人情報を取り扱う場合
④ 宗教団体が宗教活動（これに付随する活動を含む。）の用に供する目的で個人情報を取り扱う場合
⑤ 政治団体が政治活動（これに付随する活動を含む。）の用に供する目的で個人情報を取り扱う場合

ただし、上記に掲げる個人情報取扱事業者であっても、個人データに関する安全管理措置（個情法20）、個人情報の取扱いに関する苦情

の処理等（個情法31、新個情法35）には努めなければなりません（個情法66③、新個情法76③）。

2 適用除外が定められた趣旨

個人情報保護法４章において定められている義務規定の中には、具体的な権利侵害の発生を要件とせずに予防的観点から定められている規定や本人からの求めによって開示、訂正、利用停止等の手続を義務付ける規定があり、当該個人情報取扱事業者の事業の性質上、憲法が保障する基本的人権や個人情報取扱事業者の適正な事業活動が妨げられるおそれがあります。

そこで、一定の活動を継続的に行う以下の事業主体については、包括的に個人情報保護法４章に基づく義務の適用を除外することとされています。

適用除外

① 報道機関
② 著述を業として行う者
③ 学術研究を目的とする機関等
④ 宗教団体
⑤ 政治団体

3 報道分野

1 概要

報道分野については、その事業の性質上、個人情報を取り扱う蓋然性が極めて高く、また「報道の自由」は、憲法21条によって保障されていると解されているため、報道分野における活動を行う場合には、個人情報保護法４章の規定の適用を除外することが必要となります。

2 「報道」、「報道機関」の意義

「報道」とは新聞、ラジオ、テレビ等を通じて社会の出来事などを広く知らせることをいい、「報道機関」とは報道を目的とする施設、組織体をいい、報道を業とするフリージャーナリストのような個人も含まれます。

3 「報道の用に供する」の意義

取材、取材リストの作成、取材による個人情報の取得、記録管理、個人情報の加工・編集・分析・報道、評論等への利用、その他刊行・放送等に至る一連の活動のための個人情報の取扱いのすべてを含みます。

【含まれない例】
① 報道機関の人事管理のために従業員の個人情報を取り扱うこと
② 新聞の販売のために購読者名簿を管理すること
③ 全く報道目的を含まず商取引等の用に供している場合

4 著述分野

1 概要

著述分野については、その事業の性質上、個人情報を取り扱う蓋然性が極めて高く、また「表現の自由」は憲法21条によって保障されているため、著述活動を行う場合には、個人情報保護法４章の規定の適用を除外することが必要となります。

2 「著述」の意義

文芸作品の創作、文芸批評、評論等がこれに該当し、学術書、実用

書等人間の知的活動の成果といえるものを書き表すこともこれに該当しますが、名簿等のようにデータの羅列にすぎないものは「著述」に該当しません。

5 学術分野

1 概要

学術分野においては、学術研究活動の一環として個人情報を取り扱う可能性は高く、また「学問の自由」は憲法23条によって保障されているため、学術分野における活動に関しては個人情報保護法4章の規定の適用を除外することが必要となります。

なお、学術分野については、大学その他の研究機関に所属する個々人の活動が重要であることから、特にこれを取り出して適用除外の対象としています。

2 「大学その他の学術研究を目的とする機関もしくは団体又はそれらに属する者」の意義

「大学その他の学術研究を目的とする機関もしくは団体」とは私立大学、公益法人等の研究所等の学術研究を主たる目的として活動する機関や学会を意味し、「それらに属する者」とは、私立大学の教員、公益法人等の研究所の研究員、学会の会員等を意味します。

6 宗教分野

1 概要

宗教分野においては、その事業の性質上、信者に関する大量の個人情報が取り扱われる蓋然性が高く、また、宗教活動は、憲法20条によって人権として保障されており、その性質上行政の関与になじまないものと考えられているため、宗教分野において活動を行う場合には、個人情報保護法4章の規定の適用を除外することが必要となります。

2 「宗教団体」、「宗教活動（これに付随する活動を含む。）」の意義

「宗教団体」とは、宗教の教義を広め、儀式行事を行い及び信者を教化育成することを主たる目的とする、①礼拝の施設を備える団体（神社、寺院、教会、修道院その他これらに類する団体）、又は②単位宗教団体を包括する団体（教派、宗派、教団、教会、修道会、司教区その他これに類する団体）を意味します。

「宗教活動」とは、宗教の教義を広め、儀式行事を行い及び信者を教化育成することであり、「これに付随する活動」とは、霊園、宿坊の経営や他宗派の人々に対する葬儀の運営のように、宗教活動を主たる目的とする活動とまではいえないものの、その活動の副次的効果として教義を広める等の効果を期待して行われているものを意味します。

7 政治分野

1 概要

政治分野とりわけ政党活動においては、党員を始めとして大量の個人情報が取り扱われる蓋然性が高く、また、政党の独立性については憲法上保障されると解されるため、政治分野において活動を行う場合には、個人情報保護法4章の規定の適用を除外することが必要となります。

2 「政治団体」、「政治活動（これに付随する活動を含む。）」の意義

「政治団体」とは、①政治上の主義又は施策を推進、支持又は反対することを本来の目的とする団体、②特定の公職の候補者を推薦、支持又は反対することを本来の目的とする団体、③その他、政治上の主義若しくは施策を推進、支持若しくは反対すること、又は特定の公職の候補者を推薦、支持若しくは反対することをその主たる活動として組織的かつ継続的に行う団体を意味します。

さらに、こうした団体の活動と密接な関連を有する、政治上の主義又は施策を研究する団体や政党のために資金上の援助をすることを目的とする団体も、本条の「政治団体」に含まれます。

また、「政治活動」とは、上記①から③までの活動を行うことであり、「これに付随する活動」とは、それ自体が政治活動とはいえないものの、副次的に政治目的の達成に役立つ活動をいいます。

Q3　個人情報保護委員会による外国執行当局への情報提供とは、どのようなものですか。

A　**個人情報保護委員会が、外国執行当局に対して、当該外国執行当局の職務の遂行に資すると認める情報の提供を行うことです。**

1 外国執行当局への情報提供

個人情報委員会は、外国執行当局に対し、その職務の遂行に資すると認める情報の提供を行うことができます（新個情法78①）。

平成28年1月1日に個人情報保護保委員会が設置され、また、新個人情報保護法の施行によって、個人情報保護委員会に権限を一元化するとともに、国際的な窓口も一元化されることになったことから、日本の行政機関の中でも、個人情報保護委員会が、外国執行当局に対し、情報提供を行うこととなりました。

例えば、外国に所在する事業者が、日本国内に向けてサービスを提供している場合に、当該外国事業者が保有する個人情報の漏えい事故が発生したときに、当該事案に係る情報を当該外国の外国執行当局に提供することが考えられます。

2 外国執行当局への情報提供が定められた趣旨

企業活動のグローバル化やインターネットを利用して国境を越えるサービスの提供が容易かつ膨大に行われるようになったこと等を背景として、外国に所在する事業者が、日本国内向けに商品の販売やサービスの提供等を行い、これに伴い日本国内の居住者から個人情報を取得する機会が増えたため、当該個人情報の取得や取扱いが適切に行われることを確保する必要が高まっています。

その一方で、個人情報保護委員会を含め日本の行政機関が、当該外国の事業者に対し直接指導したり、行政処分をすることは当該国の主権との関係で困難と考えられます。

そこで、外国に所在する事業者が、日本国内の居住者から個人情報を取得等する際に、不適切な取扱いがなされた場合に、当該外国事業者が所在する外国執行当局に対し、当該外国の法令に基づく執行を依頼するために情報提供を行うことが必要となり、その法令上の根拠として、本条が定められました。

Q４　個人情報を漏えいしてしまった場合、直ちに罰せられますか。個人情報保護法では、どのような罰則が定められていますか。

A　個人情報保護法では、個人情報を漏えいしたことを直ちに罰する罰則は定められていません。

個人情報保護法では、①個人情報保護委員会の委員や事務局の職員等が秘密を洩らした場合、②個人情報取扱事業者やその従業員等が、個人情報データベース等を不正な利益を図る目的で提供した場合、③個人情報取扱事業者が個人情報保護委員会からの命令に違反した場合、④個人情報取扱事業者が個人情報保護委員会に対し虚偽の報告をした場合等に罰則が定められており、②から④に関しては法人に対する両罰規定が定められています。

1　個人情報保護法が定める罰則

個人情報保護法は、第７章で罰則を定めていますが、個人情報等を漏えいしたことを直接に罰する罰則は定められていません。

個人情報保護法は、個人情報取扱事業者が、個人情報保護法４章で定める義務に違反した場合に直ちに罰則を科すという直接罰の仕組みを採用することによって、個人情報取扱事業者による義務の履行を確保するのではなく、個人情報保護委員会による命令等に従わなかった場合に罰則を科すという間接罰の仕組みを基本的に採用しています。

他方で、新個人情報保護法において、個人情報データベース等の不正提供罪（新個情法83）を新設することによって、個人情報取扱事業者の従業者等が個人情報を第三者に故意に不正提供したことが原因で漏えいした場合にはこれらの者に直接罰を科すという仕組みを採用しています。

2 罰則の内容

罰則の内容を一覧すると、下表のとおりです。

	主体	行為	罰則
新個情法82	個人情報保護委員会の委員、事務局の職員等	秘密保持義務に違反して秘密を漏らし又は盗用する行為	2年以下の懲役又は100万円以下の罰金
新個情法83	個人情報取扱事業者やその役員、代表者又は管理人若しくはその従業者又はこれらであった者	その業務に関して取り扱った個人情報データベース等を自己若しくは第三者の不正な利益を図る目的で提供し又は盗用する行為	1年以下の懲役又は50万円以下の罰金
新個情法84	個人情報取扱事業者	新個情法42②又は③の規定による個人情報保護委員会の命令に違反する行為	6月以下の懲役又は30万円以下の罰金
新個情法85	個人情報取扱事業者	①　新個情法40①の規定による報告若しくは資料の提出をせず若しくは虚偽の報告をし若しくは虚偽の資料を提出し又は当該職員の質問に対して答弁をせず若しくは虚偽の答弁をし若しくは検査を拒み、妨げ、若しくは忌避する行為 ②　新個情法56の規定による報告をせず又は虚偽の報告をする行為	30万円以下の罰金
新個情法88	個人情報取扱事業者	①　新個情法26②又は55の規定に違反した者 ②　新個情法50①の規定による届出をせず又は虚偽の届出をする行為	10万円以下の過料

3 罰則の域外適用

新個人情報保護法82条及び83条の規定は、日本国外においてこれらの条の罪を犯した者にも適用されます（新個情法86）。

4 両罰規定

法人の代表者又は法人若しくは人の代理人、使用人その他の従業者が、その法人又は人の業務に関して、新個人情報保護法83条から85条までの違反行為をしたときは、行為者を罰するほか、その法人又は人に対しても、各本条の罰金刑が科される場合があります（新個情法87）。

●疑問に回答！●

個人情報を漏えいした場合には、どうすればよいでしょうか？

●●●●●

個情法ガイドライン（通則編）では、漏えい、滅失又は毀損の事案が発生した場合等において、二次被害の防止、類似事案の発生防止等の観点から、個人情報取扱事業者が実施することが望まれる対応については、別に定めるとされ（個情法ガイドライン（通則編）「４　漏えい等の事案が発生した場合等の対応」）、かかる規定を受けて、個人情報保護委員会は、「個人データの漏えい等の事案が発生した場合等の対応について（以下「漏えい告示」といいます。）（平成29年個人情報保護委員会告示第１号）を公表しています。

なお、漏えい告示に関しては、平成28年12月８日から平成29年１月６日まで意見募集（パブリックコメント）が実施されました。

漏えい告示によれば、個人情報取扱事業者が個人データを漏えいした場合には、以下に掲げる事項について必要な措置を講ずることが望ましいとされています。

⑴　事業者内部における報告及び被害の拡大防止
⑵　事実関係の調査及び原因の究明
⑶　影響範囲の特定

⑷　再発防止策の検討及び実施
⑸　影響を受ける可能性のある本人への連絡等
⑹　事実関係及び再発防止策等の公表

また、個人情報取扱事業者は、漏えい等事案が発覚した場合は、その事実関係及び再発防止策等について、個人情報保護委員会等に対し、次のとおり速やかに報告するよう努めることが求められています。

具体的には、原則として、個人情報保護委員会に対して報告することになりますが、認定個人情報保護団体の対象事業者である個人情報取扱事業者は、当該認定個人情報保護団体に報告することになります。また、個人情報保護委員会の権限（報告徴収及び立入検査）が事業所管大臣に委任されている分野における個人情報取扱事業者の報告先については、別途公表するところによるとされています。

さらに、次の①又は②のいずれかに該当する場合は、報告を要しないとされています（ただし、この場合も、事実関係の調査及び原因の究明並びに再発防止策の検討及び実施をはじめとする上記⑴ないし⑹の各対応を実施することが、同様に望ましいとされています。

①　実質的に個人データ又は加工方法等情報が外部に漏えいしていないと判断される場合（※１）

（※１）　なお、「実質的に個人データ又は加工方法等情報が外部に漏えいしていないと判断される場合」には、例えば、次のような場合が該当します。

・漏えい等事案に係る個人データ又は加工方法等情報について高度な暗号化等の秘匿化がされている場合
・漏えい等事案に係る個人データ又は加工方法等情報を第三者に閲覧されないうちに全てを回収した場合
・漏えい等事案に係る個人データ又は加工方法等情報によって特定の個人を識別することが漏えい等事案を生じた事業者以外ではできない場合（ただし、漏えい等事案に係る個人データ又は加工方法等情報のみで、本人に被害が生じるおそれのある情報が漏えい等した場合を除く。）

・個人データ又は加工方法等情報の滅失又は毀損にとどまり、第三者が漏えい等事案に係る個人データ又は加工方法等情報を閲覧することが合理的に予測できない場合

②　FAX 若しくはメールの誤送信、又は荷物の誤配等のうち軽微なものの場合（※２）

（※２）　なお、「軽微なもの」には、例えば、次のような場合が該当する。

・FAX 若しくはメールの誤送信、又は荷物の誤配等のうち、宛名及び送信者名以外に個人データ又は加工方法等情報が含まれていない場合

〈個人データの漏えい等の事案が発生した場合等の対応〉

対象事案

(1)　個人データ（特定個人情報に係るものを除く。）の漏えい、滅失又は毀損
(2)　加工方法等情報（個情規20一。特定個人情報に係るものを除く。）の漏えい
(3)　上記(1)又は(2)のおそれ

対応

(1)　以下の対応を実施することが望ましい
・事業者内部における報告及び被害の拡大防止
・事実関係の調査及び原因の究明
・影響範囲の特定
・再発防止策の検討及び実施
・影響を受ける可能性のある本人への連絡等（事案に応じて）
・事実関係及び再発防止策等の公表（事案に応じて）

(2)　個人情報保護委員会等に報告するよう努める

報告の軽微基準

以下のいずれかの場合は報告不要
①　実質的に外部に漏えいしていないと判断される場合
②　FAX・メールの誤送信又は荷物の誤配等のうち軽微なものの場合

報告先

①　原則、個人情報保護委員会に報告
②　認定個人情報保護団体の対象事業者は、当該認定個人情報保護団体に報告
③　上記にかかわらず、個人情報保護委員会の権限が事業所管大臣に委任される分野の事業者の報告先は別途公表するところによる

第3章

税理士は押さえておきたい！
個人情報保護法とマイナンバーの接点

Ⅰ　定義とマイナンバー

Q1　個人番号、特定個人情報の定義、個人情報との関係を教えてください。

A　個人番号は、住民票コードを変換して得られる番号であって、特定の個人を識別するために指定されるものです。

特定個人情報は、個人番号をその内容に含む個人情報をいいます。

生存する個人の個人番号、特定個人情報は、個人情報の一部です。

1　個人番号

個人番号（マイナンバー）とは、住民票コードを変換して得られる番号であって、その住民票コードが記載された住民票に係る者を識別するために指定されるものをいいます（番号法２⑤）。個人番号は、12桁の数字ですが、その構成としては、住民票コードを変換して得られた11桁の番号及び１桁の検査用数字（チェックデジット）*1となります。

＊１　個人番号を電子計算機に入力するときに誤りのないことを確認することを目的として、その11桁の番号を基礎として総務省令で定める算式により算出される０から９までの整数をいいます（番号令８、カード規５）。

個人番号には、生存する個人の個人番号のほか、亡くなった方（死者）の個人番号も含まれます。

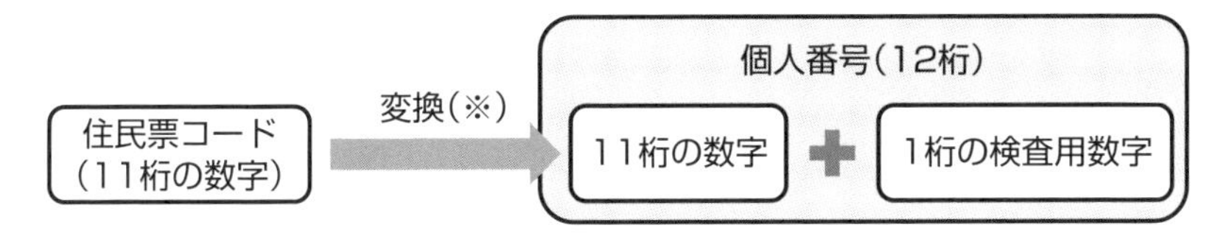

(※)下記の要件を満たす数字に変換
ア．他のいずれの個人番号とも異なること
イ．住民票コードを変換して得られるものであること
ウ．住民票コードを復元することのできる規則性を備えるものでないこと

2 特定個人情報

特定個人情報とは、個人番号をその内容に含む個人情報をいいます(番号法2⑧)。ここでいう「個人番号」には、12桁の個人番号（狭義の個人番号）だけではなく、「個人番号に対応し、その個人番号に代わって用いられる番号、記号その他の符号であって、住民票コード以外のもの」も含まれます。番号法においては、狭義の個人番号だけではなく、それに対応して代わって用いられる符号についても、「個人番号」に含めて様々な規制をかけています*2。

*2　番号法において、狭義の個人番号を対象とする規定は、新番号法7条1項及び2項（個人番号の指定及び通知）、8条（個人番号とすべき番号の生成）並びに48条（不正な利益を図る目的による個人番号の提供等に係る罰則）並びに附則3条1項から3項まで及び5項（個人番号の指定及び通知に関する経過措置）の規定です。

3 個人情報との関係

1 個人番号と個人情報

新個人情報保護法により個人情報の定義が明確化されましたが、その個人情報の定義の中で「個人識別符号」という規定が創設されました。この「個人識別符号」に該当するものは、その情報単体でも個人情報に該当するという整理がされています。

そして、この個人識別符号の１つとして、「個人番号」が規定されています（新個情法２①二、②、新個情令１六）。

（個人識別符号）
新個情令１条　個人情報の保護に関する法律第２条第２項の政令で定める文字、番号、記号その他の符号は、次に掲げるものとする。
　一〜五　（略）
　六　行政手続における特定の個人を識別するための番号の利用等に関する法律（平成25年法律第27号）第２条第５項に規定する個人番号
　七〜八　（略）

（下線：筆者挿入）

したがって、個人番号は個人識別符号に該当することから、個人情報に該当し、個人情報保護法の適用を受けることとなります。

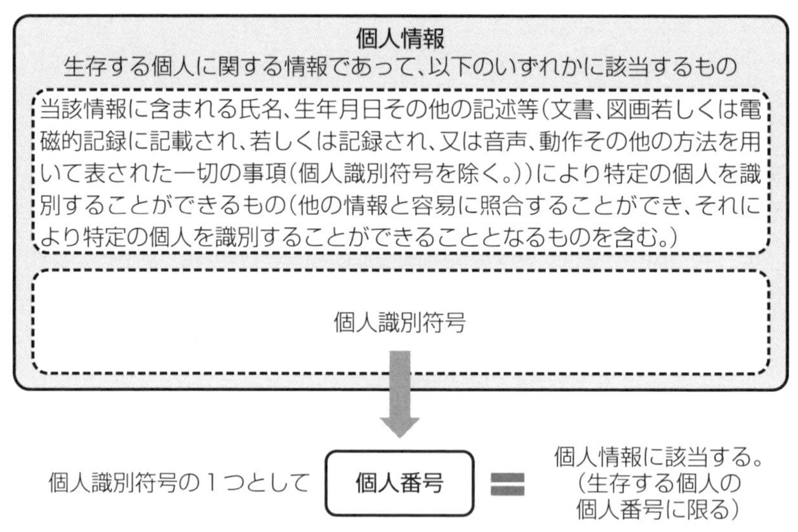

なお、個人番号は、特定の個人を識別できる機能を有する（番号法２⑤）ことから、新個人情報保護法の全面施行前においても「個人情報」に該当していました。そのため、個人識別符号の創設前後によって取扱いが異なるということはなく、個人情報保護法の適用を受けるという点では何ら変更はありません。

ところで、個人情報は、「生存する個人に関する情報」であることが前提となっています。一方、番号法において、個人番号は、生存する個人の個人番号のほか、亡くなった方（死者）の個人番号も含まれます。このため、「生存する個人の個人番号」は個人情報に該当することとなりますが、「亡くなった方（死者）の個人番号」は個人情報に該当しないこととなります。

したがって、「生存する個人の個人番号」の取扱いについては個人情報保護法の適用を受けますが、「亡くなった方（死者）の個人番号」の取扱いについては個人情報保護法の適用を受けません。

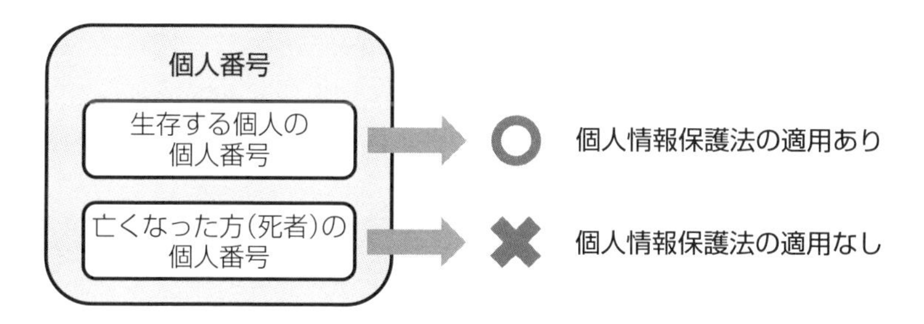

2 特定個人情報と個人情報

特定個人情報は、個人番号をその内容に含む個人情報をいうことから（番号法2⑧）、当然、個人情報に該当し、個人情報保護法の適用を受けることとなります。すなわち、特定個人情報は、個人情報の一部ということになります。

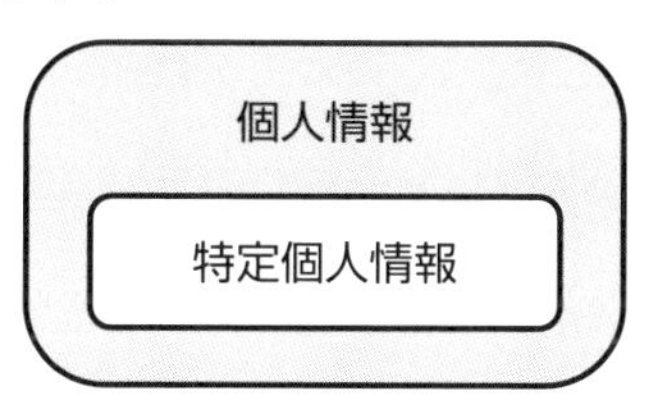

なお、生存する個人の個人番号単体は、特定個人情報に該当しますが、亡くなった方の個人番号単体は、特定個人情報に該当しません。

Q2　特定個人情報ファイルと個人情報データベース等との関係を教えてください。

A　**特定個人情報ファイルとは、個人番号をその内容に含む個人情報ファイル（個人情報データベース等）をいいます。**

1 個人情報ファイル

個人情報ファイルとは、番号法において以下のとおり規定されています（番号法２④）。

> ①　行政機関個人情報保護法２条４項に規定する個人情報ファイルであって行政機関が保有するもの
> ②　独立行政法人等個人情報保護法２条４項に規定する個人情報ファイルであって独立行政法人等が保有するもの
> ③　個人情報保護法２条４項に規定する個人情報データベース等であって行政機関及び独立行政法人等以外の者が保有するもの
> をいう。

事業者においては、上記③が該当することから、事業者における「個人情報ファイル」とは、「個人情報データベース等」をいいます。

個人情報データベース等とは、検索性があり体系的に構成されている個人情報の集合物であり、電子データに限らず、紙媒体のものも該当します（詳細は第２章参照）。

2 特定個人情報ファイル

特定個人情報ファイルとは、個人番号をその内容に含む個人情報ファイルをいいます（番号法２⑨）。上記**1**でみたとおり、事業者における個人情報ファイルは、個人情報データベース等をいうことから、事業者における「特定個人情報ファイル」とは、個人番号をその内容に含む個人情報データベース等をいうこととなります。

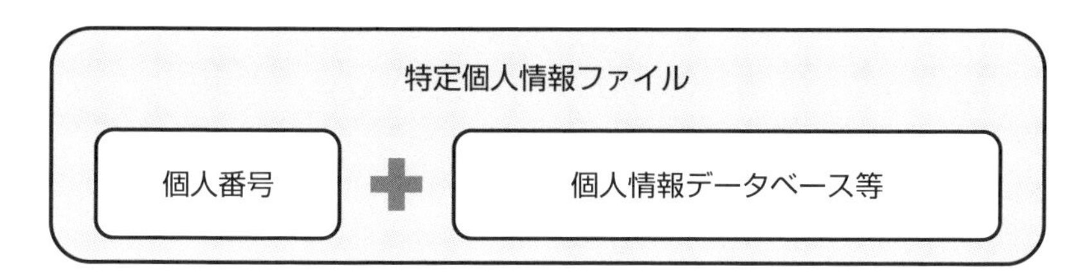

例えば、扶養控除等申告書については、通常、年度別・事業所別、社員コード順・役職順等にファイリングして保管していることから、個人情報データベース等に該当すると考えられますが、その扶養控除等申告書に個人番号が記載されている場合には、その扶養控除等申告書の綴りは、特定個人情報ファイルに該当すると考えられます。また、源泉徴収票等を作成するためのシステムに保存されているデータは、通常、検索性があり体系的に構成されているデータベースに記録・保存されていることから、個人情報データベース等に該当すると考えられますが、そのデータベースに個人番号が含まれている場合には、そのデータベースも特定個人情報ファイルに該当すると考えられます。

Q3　個人番号の利用範囲を教えてください。

A　**個人番号は、社会保障、税及び災害対策の３つの分野で利用できます。**

1　個人番号の利用範囲

番号法は、個人番号の利用範囲について、限定的に定めています。それは、個人番号の利用は、個人を特定することや様々な情報をヒモづけることが容易になる反面、その利用範囲を広範なものとすると不正利用等によるプライバシー侵害の危険性が高まることとなるためです。

したがって、個人番号は、番号法で限定的に定められた社会保障、税及び災害対策の３つの分野に限り、その利用が認められています。以下、番号法で限定的に定められた個人番号の利用範囲を解説します。

1　個人番号利用事務

行政機関や地方公共団体等の行政事務を処理する者は、その事務に関して保有する特定個人情報ファイルで個人情報を効率的に検索・管理するために必要な限度で個人番号を利用することができます（番号法９①）。この行政機関や地方公共団体等の行政事務を処理する者が、上記のために必要な限度で個人番号を利用して処理する事務を「個人番号利用事務」といいます（番号法２⑩）。

個人番号利用事務として個人番号を具体的に利用する事務は、番号法別表第一に規定されています（法定事務）。

＜番号法別表第一抜粋＞

一　厚生労働大臣	健康保険法５条第項又は123条第２項の規定により厚生労働大臣が行うこととされた健康保険に関する事務であって主務省令で定めるもの
三十八　国税庁長官	国税通則法その他の国税に関する法律による国税の納付義務の確定、納税の猶予、担保の提供、還付又は充当、附帯税（国税通則法第２条第４号に規定する附帯税をいう。）の減免、調査（犯則事件の調査を含む。）、不服審査その他の国税の賦課又は徴収に関する事務であって主務省令で定めるもの
九十四　市町村長	子ども・子育て支援法（平成24年法律第65号）による子どものための教育・保育給付の支給又は地域子ども・子育て支援事業の実施に関する事務であって主務省令で定めるもの

また、地方公共団体は、社会保障、税及び災害対策に関する事務の他これらに類する事務であって、条例で定めるものについて、個人番号を利用することができます（番号法９②）（独自利用事務）。この独自利用事務も「個人番号利用事務」になります。独自利用事務の例としては、乳幼児医療費助成制度に関する事務における個人番号の利用などが想定されています。

個人番号利用事務を行う者を「個人番号利用事務実施者」といい、個人番号利用事務の全部又は一部の委託を受けた者も含みます（番号法２⑫）。

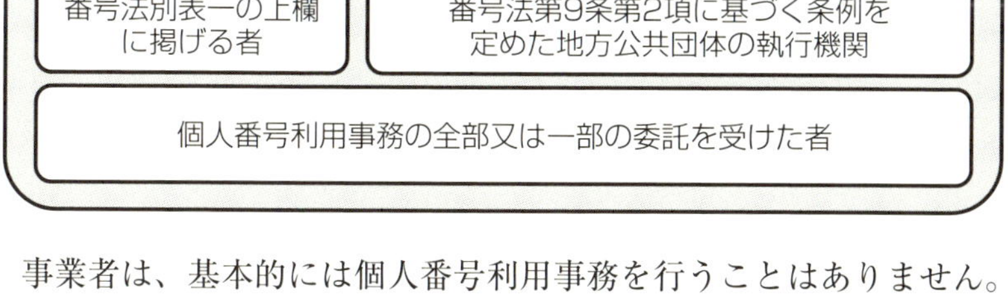

個人番号利用事務実施者

番号法別表一の上欄に掲げる者

番号法第9条第2項に基づく条例を定めた地方公共団体の執行機関

個人番号利用事務の全部又は一部の委託を受けた者

事業者は、基本的には個人番号利用事務を行うことはありません。

事業者で個人番号利用事務を行うのは、以下の場合に限られます。

① 健康保険組合、全国健康保険協会、国民健康保険組合、企業年金連合会等の番号法別表第一に掲げられている事業者
② 行政機関、地方公共団体等の行政事務を行う者から個人番号利用事務の全部又は一部の委託を受けた事業者

2 個人番号関係事務

事業者は、従業員等や支払調書の対象となる支払先（以下「支払先」といいます。）に係る社会保障や税に関する手続書類に、それらの者の個人番号を記載して行政機関等に提出することとなります。そして、行政機関等は、その提出された書類を上記１の個人番号利用事務で利用することとなります。

このように、行政機関等が行う個人番号利用事務のために、他人の個人番号を必要な限度で利用して行う事務を「個人番号関係事務」といいます（番号法２⑪、９③）。

他人の個人番号をどの場面で取り扱うかは、所得税法、相続税法、雇用保険法、健康保険法、厚生年金保険法等の各行政手続に関する法令又は条例にそれぞれ定められています。すなわち、「法令又は条例の規定」によって、他人の個人番号を取り扱う事務を個人番号関係事務といいます。なお、個人番号関係事務の全部又は一部の委託を受けた者が行う事務も「個人番号関係事務」に該当します。

実務上は、個人番号の記載が必要な社会保障や税に関する手続書類には、個人番号を記載する欄が設けられていることが一般的であることから、その欄がある場合に個人番号を記載すればよいこととなります。

＜個人番号関係事務の例＞

① 従業員等から提供を受けた個人番号を給与所得の源泉徴収票、給与支払報告書に記載して、税務署長、市町村長に提出する。
② 従業員等から提供を受けた個人番号を健康保険・厚生年金保険被保険者資格取得届、雇用保険被保険者資格取得届等に記載して、日本年金機構、公共職業安定所（ハローワーク）等に提出する。
③ 大家に対する家賃や税理士に対する顧問料等を支払った場合は、その大家や税理士から提供を受けた個人番号を支払調書に記載して税務署長に提出する。

この個人番号関係事務を行う者を「個人番号関係事務実施者」といい、個人番号関係事務の全部又は一部の委託を受けた者も含みます（番号法2⑬）。

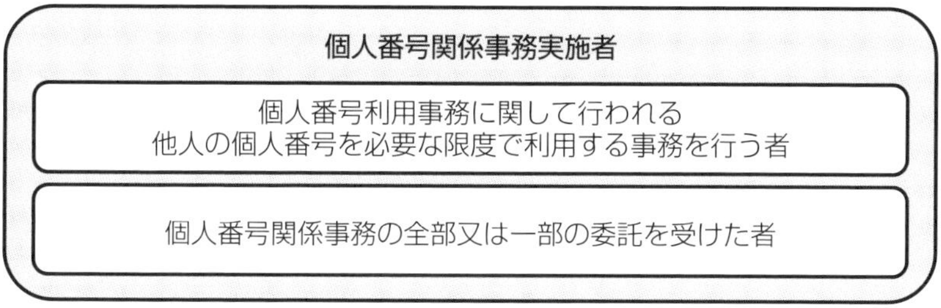

個人番号関係事務実施者

個人番号利用事務に関して行われる
他人の個人番号を必要な限度で利用する事務を行う者

個人番号関係事務の全部又は一部の委託を受けた者

3 例外的な事務

事業者は、原則として、個人番号利用事務又は個人番号関係事務を処理するために必要な範囲内で個人番号を利用することができ、その範囲を超えて個人番号を利用することはできませんが、次に掲げる場合には、例外的に、個人番号の利用が認められています（番号法9④、番号法30③により読み替えられた個情法16③一、二）。

> ①　金融機関が激甚災害時等に金銭の支払をする場合
> ②　人の生命、身体又は財産の保護するために必要がある場合で、本人の同意があり、又は本人の同意を得ることが困難であるとき

なお、これらの解説は、本章ⅡのＱ３を参照してください。

4　その他の利用

番号法においては、次に掲げる場合においても、個人番号を利用することができることとなっています（番号法９⑤）。なお、これらは、事業者には極めて関係の薄い項目であり、事業者は、一般的には、個人番号関係事務で個人番号を利用するということを理解しておけば十分であると考えられます。

> ①　個人情報保護員会が、番号法第35条第１項（報告及び立入検査）に基づいて特定個人情報の提供を受けたとき（番号法19十二）。
> ②　各議院の審査若しくは調査、刑事事件の捜査等が行われるときその他政令で定める公益上の必要があるとき（番号法19十三）。
> ③　人の生命、身体又は財産の保護のために必要がある場合において、本人の同意があり、又は本人の同意を得ることが困難であるとき（番号法19十四）。
> ④　番号法第19条第１号から第14号までの準ずるものとして特定個人情報保護委員会規則で定めるとき（番号法19十五）。

2　個人情報の利用範囲との関係

個人番号の利用範囲は、上記**1**で確認したとおり、番号法で限定的

に定めた事務でしか利用することはできません。すなわち、社会保障、税及び災害対策の分野での利用に限られています。

一方、個人情報の利用範囲については、特段、その範囲は制限されていません。したがって、事業者は、利用したい事務を利用目的として特定して、その範囲内で個人情報を利用すれば良いこととなります。ただし、その利用目的が公序良俗に違反する場合は、当然その特定した利用目的の範囲内であってもその個人情報を利用することはできません。

Q４　税理士は、どのような位置付けで個人番号を取り扱うのでしょうか。

A　税理士は、①個人番号関係事務実施者、②本人に関する事務を行う代理人、③本人に関する事務の委託を受けた者のいずれかで個人番号を取り扱うこととなります。

1　個人番号関係事務と本人に関する事務

個人番号関係事務は、本章ⅠQ３で確認したとおり、法令又は条例の規定によって、他人の個人番号を取り扱う事務をいいます。

一方で、本人（個人番号によって識別される本人）が、自らの個人番号を取り扱う事務は、個人番号関係事務でも個人番号利用事務でもありません。例えば、納税者が所得税確定申告書に自らの個人番号を記載したり、住民が社会保障給付の受給申請書に自らの個人番号を記載したりする場合などです。

このように、本人が、社会保障・税に関する手続書類に自らの個人番号を記載する等の本人に関する事務（以下、便宜上「本人事務」といいます。）は、番号法上、特段の定義規定は置かれていません。

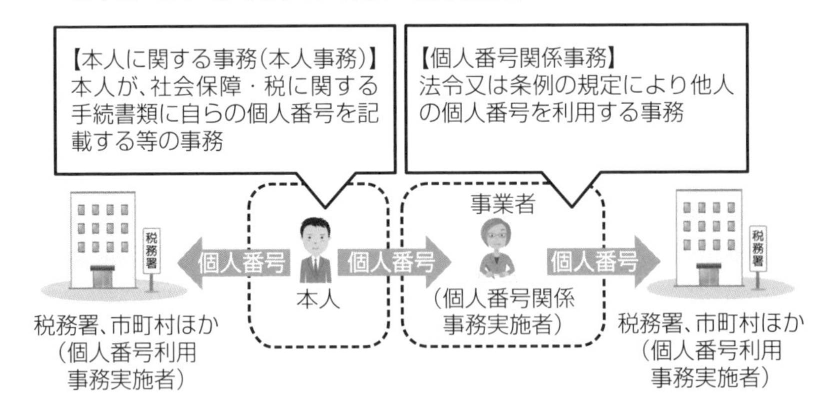

2 税理士の位置付け

税理士が個人番号を取り扱う際は、その個人番号を取り扱う業務内容等によってその位置付けが異なります。基本的には、以下の３つに区分されます。

①　個人番号関係事務実施者
　(ア)　顧問先企業等の個人番号関係事務を行う場合
　(イ)　税理士事務所の個人番号関係事務を行う場合
②　本人事務を行う代理人
③　本人事務の委託を受けた者

1 個人番号関係事務実施者

❶ 顧問先企業等の個人番号関係事務を行う場合

税理士が、税務代理又は税務書類の作成（税理士法２①一、二）の委嘱を受けて、顧問先企業である事業者（以下「顧問先企業等」といいます。）の従業員等や支払調書の対象となる支払先等の個人番号を取り扱う場合です。すなわち、顧問先企業等の個人番号関係事務を行う場合です。

なお、顧問先企業等が個人事業者である場合において、税理士がその顧問先企業等本人の個人番号を取り扱う事務は「本人事務」に該当します（下記２、３参照）。

❷ 税理士事務所の個人番号関係事務を行う場合

税理士が、個人番号関係事務実施者（一事業者）として、自らの事務所の個人番号関係事務（従業員等や支払先に係る源泉徴収票作成事務、支払調書作成事務等）を行う場合です。

2 本人事務を行う代理人

税理士は、税務代理の委嘱（税理士法２①一）を受けて、所得税確定申告や相続税・贈与税申告等に関与することとなり、その場合に納税者本人の個人番号を取り扱うこととなります。

納税者本人が自らの個人番号を取り扱う事務は「本人事務」に該当しますが、税理士が納税者本人の税務代理人である場合、税理士は納税者本人と一体的なものとして「本人事務を行う代理人」に該当し、税理士が納税者本人の個人番号を取り扱う事務は「本人事務」に該当することになります。

なお、その納税者が控除対象配偶者、控除対象扶養親族等（以下「控除対象配偶者等」といいます。）を有する場合において、その納税者がその控除対象配偶者等の個人番号を取り扱うのは「個人番号関係事務」に該当することから、その納税者本人と一体的なものである税理士がその控除対象配偶者等の個人番号を取り扱うのも「個人番号関係事務」に該当することとなります。

3 本人事務の委託を受けた者

税理士は、税務代理を行わず、単に「税務書類の作成」のみの委嘱（税理士法２①二）を受ける場合もあり、この場合に納税者本人の個人番号を取り扱うこととなります。

税理士が納税者本人の税務書類の作成のみを行う場合、税理士は「本人事務の委託を受けた者」に該当し、税理士が納税者本人の個人番号を取り扱う事務は「本人事務」に該当することになります。

●疑問に回答！●

税理士が税務代理を行わず納税者本人の税務書類の作成のみを行う場合、税理士は納税者という「他人」の個人番号を取り扱っているのに、その事務は、なぜ「個人番号関係事務」に該当しないのですか？

●●●●●

税務代理を行わず納税者本人の税務書類の作成のみを行う場合、確かに、税理士から見れば、その納税者本人は「他人」であるということになります。そうすると、「他人の個人番号を利用する」という点で「個人番号関係事務」に該当するようにみえます。

しかしながら、個人番号関係事務は、「法令又は条例の規定により他人の個人番号を利用する事務」のことをいいます。例えば、所得税法に「事業者は、税務署に提出する源泉徴収票に従業員等の個人番号を記載しなければならない」旨の規定があることから、事業者が源泉徴収票に従業員等の個人番号を記載する事務は「個人番号関係事務」に該当するのです。これに対して、税理士が納税者本人の個人番号を取り扱うのは、法令又は条例の規定によっているわけではありません。所得税法等の法令又は条例に「税理士は納税者の個人番号を取り扱う」旨の規定があるわけではなく、単に納税者本人が行うべき本人事務の委託（民－民間の契約）を受けて、納税者本人の個人番号を取り扱っているに過ぎません。

したがって、ご質問の場合、「個人番号関係事務」には該当しないこととなります。

なお、その納税者が控除対象配偶者等を有する場合において、その納税者がその控除対象配偶者等の個人番号を取り扱うのは「個人番号関係事務」に該当することから、その委託を受けた税理士がその控除対象配偶者等の個人番号を取り扱うのも「個人番号関係事務」に該当することとなります。

Ⅱ 個人情報に関する ルールとマイナンバー

Q 1　特定個人情報の取得に際しても、利用目的を特定する必要がありますか。

A　**特定個人情報を取得するときも、利用目的を特定する必要があります。**

個人情報保護法においては、個人情報取扱事業者は、個人情報を取り扱うにあたって、利用目的をできる限り特定しなければならないとしています（個情法15①）。

一方、番号法においては、この個人情報保護法における利用目的の特定の規定（個情法15①）を適用除外にしておらず、読替規定も設けていません。また、番号法で特段の規定も設けていません。

したがって、特定個人情報の取得に際しても、個人情報保護法における利用目的の特定の規定に従うこととなります。

1 利用目的の特定

個人情報取扱事業者は、個人情報である特定個人情報を取り扱うに当たっては、利用目的をできる限り特定する必要があります（個情法15①）。

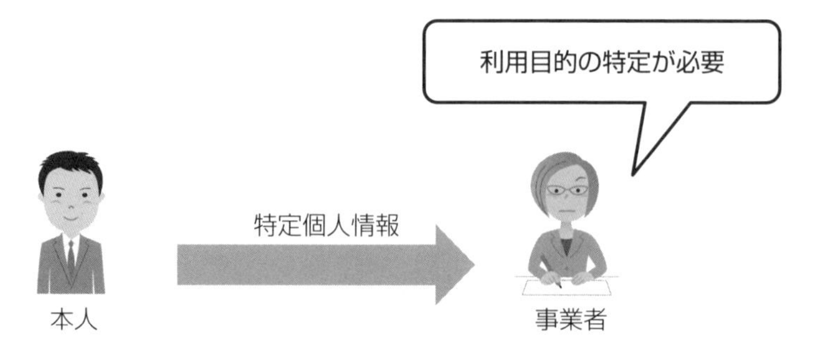

税理士においては、従来、個人情報取扱事業者に該当する場合が少なかったと思われることから、今回の新個人情報保護法の施行を受けて、対応していかなければならない義務であるということになります。

ただし、新個人情報保護法施行前の番号法においては、個人情報保護法が適用されない事業者（個人番号取扱事業者）は、特定個人情報を「個人番号関係事務又は個人番号利用事務を処理するために必要な範囲内」で利用しなければならないという義務が課されていました(番号法32)。そのため、特定個人情報を「個人番号関係事務又は個人番号利用事務を処理するために必要な範囲内」で利用するに当たっては、どの事務で処理するために利用するのかを決めることとなり、事実上、利用目的の特定を行っていたと考えられる（マインバーガイドライン Q&A〔Q１-９〕）ことから、新個人情報保護法施行後においても特段負担になるものではないと考えられます。

2　特定の程度

マイナンバーガイドラインにおいては、特定個人情報を取り扱うにあたっての利用目的の特定に関する程度について、「自らの個人番号がどのような目的で利用されるのかを一般的かつ合理的に予想できる程度に具体的に特定する必要がある」としています。この基準は、通常の個人情報を取得する場合と何ら異なることはありません。

税理士事務所の従業員等から特定個人情報を取得する際の具体例としては、「源泉徴収票作成事務」、「健康保険・厚生年金保険届出事務」、「雇用保険届出事務」などと特定することになります。

自らの個人番号がどのような目的で利用されるのかを
一般的かつ合理的に予想できる程度に具体的に特定

（例）　源泉徴収票作成事務　｜　健康保険・厚生年金保険届出事務　｜　雇用保険届出事務

また、顧問先企業等や納税者から特定個人情報を取得する際の具体例としては、業務委嘱契約に基づく契約書等を作成して業務範囲を明確にしている場合には、「業務委嘱契約等に基づく税務代理業務」、「業務委嘱契約等に基づく税務書類の作成業務」などと特定し、契約書等を作成していない場合には、「所得税申告に係る税務書類の作成及び税務代理業務」、「相続税申告に係る税務書類の作成及び税務代理業務」などと特定すればよいと考えられます。

（例）

業務委嘱契約等に基づく 税務代理業務	所得税申告に係る 税務書類の作成及び税務代理業務
業務委嘱契約等に基づく 税務書類の作成業務	相続税申告に係る 税務書類の作成及び税務代理業務

Q2　特定個人情報を取得した場合でも、利用目的を本人に通知したり、公表したりする必要がありますか。

A　**特定した利用目的を本人に通知したり、公表したりする必要があります。**

個人情報保護法においては、個人情報取扱事業者は、個人情報を取得した場合、利用目的を本人に通知し、又は公表しなければならないとしています（個情法18①）。また、本人から書面で個人情報を取得する場合には、あらかじめ、本人に対し、その利用目的を明示しなければなりません（個情法18②）。

一方、番号法においては、個人情報保護法における利用目的の通知・公表・明示の規定（個情法18）を適用除外にしておらず、読替規定も設けていません。また、番号法で特段の規定も設けていません。

したがって、特定個人情報を取得した場合も、個人情報保護法における利用目的の通知・公表・明示の規定に従うこととなります。

1　通知又は公表、明示

個人情報取扱事業者は、個人情報である特定個人情報を取得した場合は、あらかじめ利用目的を公表している場合を除き、速やかに、その利用目的を本人に通知し、又は公表しなければなりません（個情法18①）。

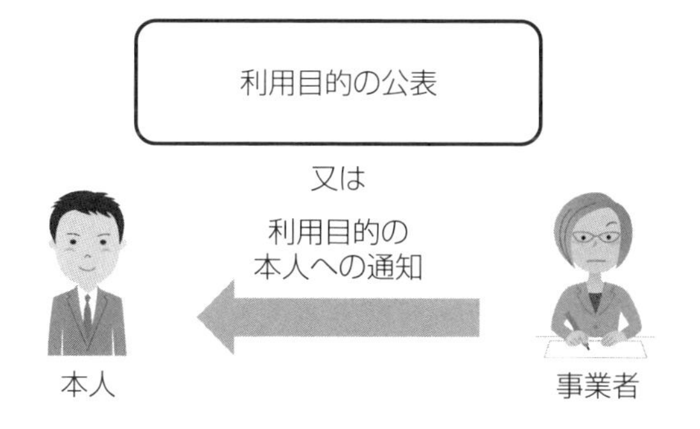

その方法としては、個人情報の取得の際と同様に、社内LANにおける通知、利用目的を記載した書類の提示、就業規則への明記等の方法が考えられます（マイナンバーガイドライン第4－1－(1)1Ba)。

また、本人との間で契約を締結することに伴って書面（電磁的記録を含みます。）に記載された本人の個人情報である特定個人情報を取得する場合や本人から直接書面に記載された本人の個人情報である特定個人情報を取得する場合には、あらかじめ、本人に対し、その利用目的を明示しなければなりません（個情法18②)。

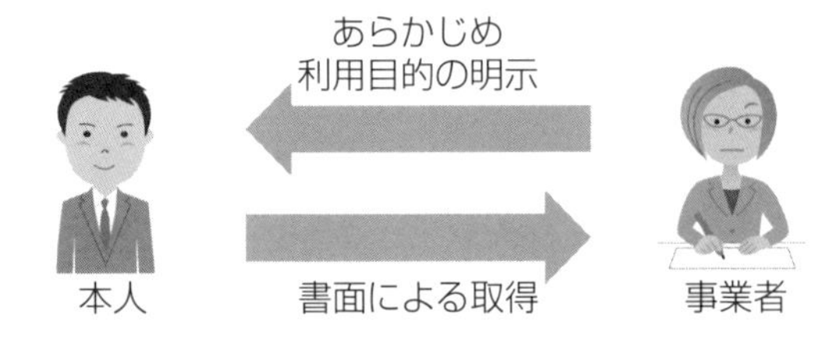

税理士が納税者の申告業務を行うために特定個人情報を取得する場合には、通常、本人から直接書面で取得する場合が多いと考えられることから、あらかじめ、本人に対し、利用目的を明示することになるでしょう。

2 適用除外規定

利用目的の本人への通知若しくは公表又は明示（以下「通知等」といいます。）については、以下のいずれかの場合には行わなくてよいこととされています（個情法18④)。

①	利用目的を本人に通知し、又は公表することにより本人又は第三者の生命、身体、財産その他の権利利益を害するおそれがある場合
②	利用目的を本人に通知し、又は公表することにより当該個人情報取扱事業者の権利又は正当な利益を害するおそれがある場合

③	国の機関又は地方公共団体が法令の定める事務を遂行することに対して協力する必要がある場合であって、利用目的を本人に通知し、又は公表することにより当該事務の遂行に支障を及ぼすおそれがあるとき
④	取得の状況からみて利用目的が明らかであると認められる場合

特定個人情報を取得する場合に関係してくるのは、主に④であると考えられます。例えば、従業員等が事業者に対して個人番号を記載した扶養控除等申告書を提出する場合、その事業者におけるその特定個人情報の利用目的は、源泉徴収票・給与支払報告書の作成事務であることは明らかであることから、利用目的の明示をしなくてもよいと考えられます。ただし、当然、その利用目的の範囲内でしか、その特定個人情報を利用することはできないことから、健康保険や厚生年金保険、雇用保険などに関する事務で利用することはできません。したがって、実務上は、従業員等から扶養控除等申告書を通じて特定個人情報を取得する場合であっても、源泉徴収票作成事務や健康保険・厚生年金保険届出事務などのように、利用目的を明示することになると考えられます。

また、税理士が、顧問先企業等や納税者から特定個人情報を取得する場合は、通常は、それらの者の税務代理や税務書類の作成のために取得することから、その利用目的は取得の状況からみて明らかですが、その他の業務に利用することも否定できないことから、契約書等において利用目的を明示しておくことが望ましいでしょう。

3　個人情報との利用目的の区別

通常、個人番号を取得する際には、その本人の個人情報なども同時に取得することになると考えられます。この際、特定個人情報の利用目的と個人情報の利用目的を区別して通知等した方がよいのか疑義が生じます。

この点について、特定個人情報の利用目的と個人情報の利用目的とを区別して通知等を行う法的義務はありません。しかしながら、個人番号は、その利用範囲が限定されており、その利用範囲を超えて利用目的を特定・通知等しないよう留意する必要がある（マイナンバーガイドラインＱ＆Ａ〔Ｑ１－１－２〕）ことから、一般的には、両者の利用目的は区別して通知等を行った方がよいでしょう。

税理士の場合においては、単に所得税申告に係る税務代理などのように、特定個人情報の利用目的と個人情報の利用目的が同一である場合には、区別しないで通知等することも考えられますが、例えば、顧問先セミナーの案内書送付などのためにも個人情報を利用するなど、特定個人情報の利用目的と個人情報の利用目的とが異なる場合には、区別して通知等を行った方がよいでしょう。

Q3　特定個人情報を取り扱う場合は、利用目的による制限を受けますか。また、本人の同意があれば、利用目的以外の目的で特定個人情報を利用できますか。

A　**特定個人情報を取り扱う場合も、利用目的による制限を受けます。また、特定個人情報は、本人の同意があったとしても、特定した利用目的以外の目的で利用することはできません。**

個人情報保護法においては、個人情報取扱事業者は、あらかじめ本人の同意を得ないで、特定された利用目的の達成に必要な範囲を超えて、個人情報を取り扱ってはならないとしています（個情法16）。

一方、番号法においては、この個人情報保護法における利用目的による制限の規定（個情法16）を適用除外にしていません。ただし、一部、番号法において読替規定があります。

したがって、特定個人情報を取り扱う場合には、番号法により読み替えて適用される個人情報保護法における利用目的の制限規定に従うこととなります。

1　個人情報における利用目的による制限とその例外

1　原則

個人情報取扱事業者は、あらかじめ本人の同意を得ないで、特定された利用目的の達成に必要な範囲を超えて、個人情報を取り扱ってはいけません（個情法16①）。

すなわち、個人情報においては、原則としては、特定した利用目的の範囲内でその個人情報を取り扱うこととしつつも、「本人の同意」があれば、特定した利用目的以外の目的のためにその個人情報を利用（以下「目的外利用」といいます。）することができます。

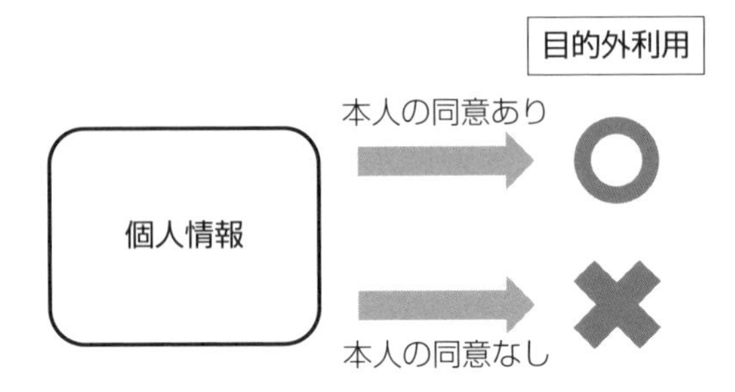

また、合併その他の事由により他の個人情報取扱事業者から事業を承継することに伴って個人情報を取得した場合も、原則は、承継前における個人情報の利用目的の範囲内でその個人情報を取り扱うこととなりますが、本人の同意があれば目的外利用することができます（個情法16②）。

2 例外

上記１のように、個人情報は、本人の同意がない場合には、その利用目的の範囲内でのみ利用することができますが、法令に基づく場合等一定の場合（下記**2**２〈参考〉参照）は、本人の同意がなくても目的外利用することができます（個情法16③）。

2 特定個人情報における取扱い

1 原則

特定個人情報においても、特定した利用目的の範囲内で取り扱うこととなりますが、通常の個人情報の場合と異なり、「本人の同意」があったとしても、原則として目的外利用することはできません（番号法30③により読み替えられた個情法16①②）。

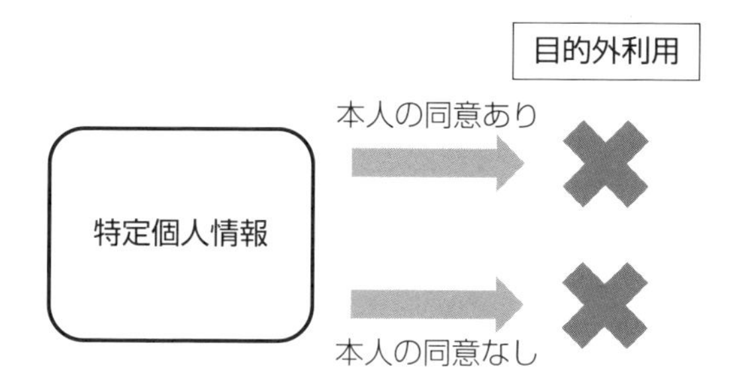

すなわち、番号法においては、個人番号の利用範囲を社会保障、税及び災害対策の分野に限定しています。それは、個人番号の利用範囲が広範になると不正利用等によるプライバシー侵害の危険性が高まるためです。そのため、利用目的による制限についても、通常の個人情報の場合とは異なり、厳格にする必要があることから、「本人の同意」があったとしても、あくまでも特定した利用目的の範囲内でのみ利用することができ、目的外利用はできないこととなっています。

取得した特定個人情報について目的外利用する必要が生じた場合には、利用目的を変更するか、新しい利用目的の特定、通知等を行って、改めて個人番号を取得し直す必要があります。

2 例外

特定個人情報においても、利用目的による制限の例外として、目的外利用が認められていますが、これも通常の個人情報の場合よりも厳格にされており、番号法において読替適用又は適用除外されています(番号法30③により読み替えられた個情法16③)。

そのため、特定個人情報は、以下のいずれかに該当する場合に目的外利用することができます。

① 金融機関が激甚災害時等に金銭の支払いをする場合（番号法9条4項の規定に基づく場合）
② 人の生命、身体又は財産の保護のために必要がある場合で

あって、本人の同意があり、又は本人の同意を得ることが困難であるとき。

❶　金融機関が激甚災害時等に金銭の支払いをする場合

銀行等の預金取扱金融機関等は、「激甚災害に対処するための特別の財政援助等に関する法律」（昭和37年法律150号）２条１項の激甚災害の指定があった場合等に、個人番号関係事務を処理する目的で保有している個人番号を顧客に対する金銭の支払のために利用することができることから、このような場合にその特定した利用目的を超えて特定個人情報を利用することができます（番号法９④、番号法30③により読み替えられた個情法16③一）。

なお、新個人情報保護法施行前においては、個人情報保護法が適用されない事業者（個人番号取扱事業者）においても、番号法において同様の規定が設けられていましたが、新個人情報保護法の施行に伴い、その規定は削除されています（番号法32）。

❷　人の生命、身体又は財産の保護のために必要がある場合

人の生命、身体又は財産の保護のために必要がある場合であって、本人の同意があり、又は本人の同意を得ることが困難である場合には、その特定した利用目的を超えて特定個人情報を利用することができます（番号法30③により読み替えられた個情法16③二）。

なお、新個人情報保護法施行前においては、個人情報保護法が適用されない事業者（個人番号取扱事業者）においても、番号法において同様の規定が設けられていましたが、新個人情報保護法の施行に伴い、その規定は削除されています（番号法32）。

●疑問に回答！●

従業員に係る住民税の「特別徴収税額決定通知書（特別徴収義務者用）」に個人番号が記載されて地方公共団体から送付されてきますが、この通知書により取得した従業員の個人番号は、「源泉徴収票作成事務」や「健康保険・厚生年金保険届出事務」などで利用することができますか？

●●●●●

「特別徴収税額決定通知書（特別徴収義務者用）」により取得した個人番号は、利用目的の範囲内であれば他の事務で利用することができます。

個人情報取扱事業者は、個人情報である特定個人情報を取り扱うにあたって、利用目的をできる限り特定しなければならず、その特定した利用目的の範囲内で特定個人情報を取り扱うことができます（個情法15、番号法30③により読み替えられた個情法16①②）。また、個人情報である特定個人情報を取得した場合は、あらかじめ利用目的を公表している場合を除き、速やかに、その利用目的を本人に通知し、又は公表しなければなりません（個情法18①）。

これらの規定は、特定個人情報の提供元が、本人であるか第三者であるかを問わず適用があります。

したがって、例えば、利用目的を「源泉徴収票作成事務」、「健康保険・厚生年金保険届出事務」と特定し、本人に通知等している場合において、個人番号の提供を拒んだ従業員に係る「特別徴収税額決定通知書（特別徴収義務者用）」により取得したその従業員の個人番号は、利用目的の範囲内として「源泉徴収票作成事務」、「健康保険・厚生年金保険届出事務」で利用することができます。

また、利用目的の範囲を超えて、その個人番号を利用したい事務（番号法で利用が認められている事務）が発生した場合は、変更前の利用目的と「関連性を有すると合理的に認められる範囲」であれば、利用目的の変更を行うことができ、変更後の利用目的の範囲内で「特別徴収税額決定通知書（特別徴収義務者用）」により取得した個人番号を利用することができます（新個情法15②）。

＜参考：番号法による個情法16の読替え＞

個人情報保護法	番号法による読み替え
【個情法16①】 個人情報取扱事業者は、あらかじめ本人の同意を得ないで、前条の規定により特定された利用目的の達成に必要な範囲を超えて、個人情報を取り扱ってはならない。	【読替後個情法16①】 個人情報取扱事業者は、前条の規定により特定された利用目的の達成に必要な範囲を超えて、個人情報を取り扱ってはならない。
【個情法16②】 個人情報取扱事業者は、合併その他の事由により他の個人情報取扱事業者から事業を承継することに伴って個人情報を取得した場合は、あらかじめ本人の同意を得ないで、承継前における当該個人情報の利用目的の達成に必要な範囲を超えて、当該個人情報を取り扱ってはならない。	【読替後個情法16②】 個人情報取扱事業者は、合併その他の事由により他の個人情報取扱事業者から事業を承継することに伴って個人情報を取得した場合は、承継前における当該個人情報の利用目的の達成に必要な範囲を超えて、当該個人情報を取り扱ってはならない。
【個情法16③】 前二項の規定は、次に掲げる場合については、適用しない。 一　法令に基づく場合 二　人の生命、身体又は財産の保護のために必要がある場合であって、本人の同意を得ることが困難であるとき。 三　公衆衛生の向上又は児童の健全な育成の推進のために特に必要がある場合であって、本人の同意を得ることが困難であるとき。 四　国の機関若しくは地方公共団体又はその委託を受けた者が法令の定める事務を遂行することに対して協力する必要がある場合であって、本人の同意を得ることにより当該事務の遂行に支障を及ぼすおそれがあるとき。	【読替後個情法16③】 前二項の規定は、次に掲げる場合については、適用しない。 一　番号法9条4項の規定に基づく場合 二　人の生命、身体又は財産の保護のために必要がある場合であって、本人の同意があり、又は本人の同意を得ることが困難であるとき。 三　適用除外 四　適用除外

Q4　特定個人情報において、特定した利用目的を変更することはできますか。

A　**特定個人情報においても、変更前の利用目的と「関連性を有すると合理的に認められる範囲」であれば、特定した利用目的を変更することができます。**

個人情報保護法においては、個人情報取扱事業者は、変更前の利用目的と「関連性を有すると合理的に認められる範囲」であれば、特定した利用目的を変更することができるとしています（新個情法15②）。

一方、番号法においては、この個人情報保護法における利用目的の変更の規定（新個情法15②）を適用除外にしておらず、読替規定も設けていません。また、番号法で特段の規定も設けていません。

したがって、特定個人情報の利用目的を変更する場合も、個人情報保護法における利用目的の変更の規定に従うこととなります。

1　利用目的の変更

個人情報である特定個人情報の利用目的の変更は、変更前の利用目的と「関連性を有すると合理的に認められる範囲」であれば行うことができます（新個情法15②）。

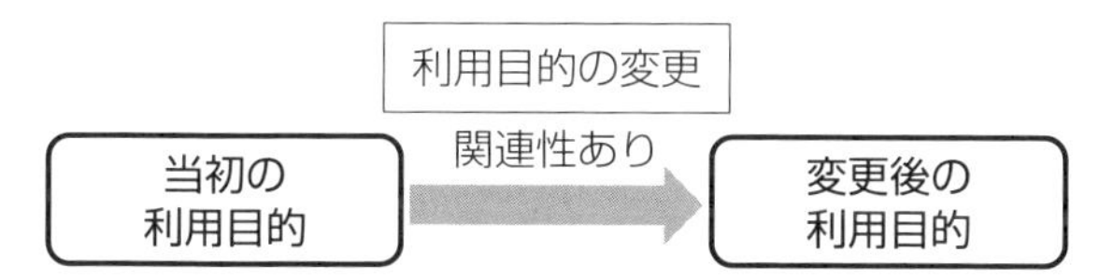

「関連性を有すると合理的に認められる範囲」とは、変更後の利用目的が変更前の利用目的からみて、社会通念上、本人が通常予期し得る限度と客観的に認められる範囲内のことをいいます。「本人が通常予期し得る限度と客観的に認められる範囲」とは、本人の主観や事業者の恣意的な判断によるものではなく、一般人の判断において、当初の利用目的と変更後の利用目的を比較して予期できる範囲をいい、当初特定した利用目的とどの程度の関連性を有するかを総合的に勘案し

て判断することになります。

例えば、税理士が、納税者の所得税確定申告における税務代理を委嘱された場合において、その納税者の所得税確定申告に係る税務書類の作成及び税務代理業務を利用目的として取得した特定個人情報について、その納税者の贈与税申告に係る税務書類の作成及び税務代理業務のためにも利用したいときには、所得税確定申告に加え贈与税申告に係る税務書類の作成及び税務代理業務のためとして利用目的を変更することにより、贈与税申告のためにその特定個人情報を利用することができると考えられます（当然、贈与税申告に係る業務契約書等を別途作成し、その利用目的の明示をした上で、特定個人情報を取得し直すこともできます。）。

なお、特定個人情報を目的外利用する必要が生じた場合において、利用目的の変更を行うことができないとき（例えば、関連性がないとき）には、新しい利用目的の特定、通知等を行って、改めて個人番号を取得し直す必要があります。

2　通知又は公表

個人情報取扱事業者は、個人情報である特定個人情報の利用目的を変更した場合は、変更された利用目的について、本人に通知し、又は公表しなければなりません（個情法18③）。

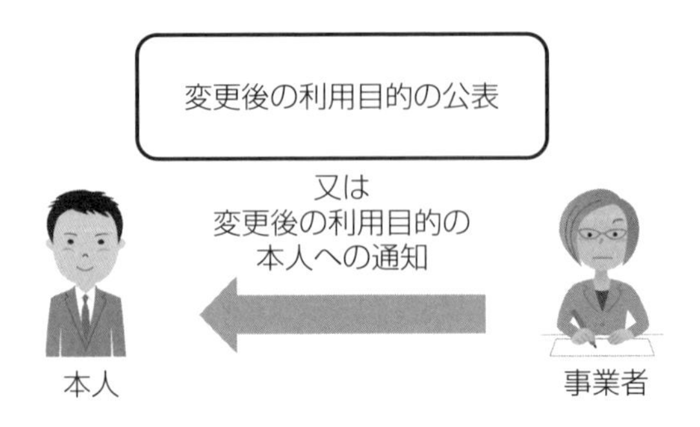

税理士が顧問先企業等や納税者から特定個人情報を取得する場合

は、通常、「業務契約書」及び「特定個人情報等の外部委託に係る合意書」又は「特定個人情報等の取扱いに関する覚書」*に利用目的を明示していると考えられます。利用目的の変更を行うに当たって、個人情報保護法上は「本人の同意」を得ることまでを求めていませんが、顧問先企業等や納税者との関係を考えると、その利用目的を変更する場合には、契約書等の記載を変更する書面を作成して、本人に説明し、双方で署名押印することが望ましいでしょう。

＊　これらの書類のひな型については、日本税理士会連合会「税理士のためのマイナンバー対応ガイドブック」参照。

3　適用除外規定

利用目的を変更した場合における本人への通知又は公表についても、本章ⅡＱ２と同様に、適用除外規定があります。

Q５　利用目的等について意図的に虚偽なものを示して、特定個人情報を取得してもよいですか。

A　**特定個人情報を取得する際も、偽りその他不正の手段による取得をしてはいけません。**

個人情報保護法においては、個人情報取扱事業者は、偽りその他不正の手段により個人情報を取得してはならないとしています（個情法17）。

一方、番号法においては、この個人情報保護法における適正取得の規定（個情法17）を適用除外にしておらず、読替規定も設けていません。また、番号法で特段の規定も設けていません。

したがって、特定個人情報を取得する場合も、個人情報保護法における適正取得の規定に従うこととなります。

1　適正取得

個人情報取扱事業者は、個人情報である特定個人情報を取得する際も、偽りその他不正の手段による取得をしてはいけません（個情法17）。

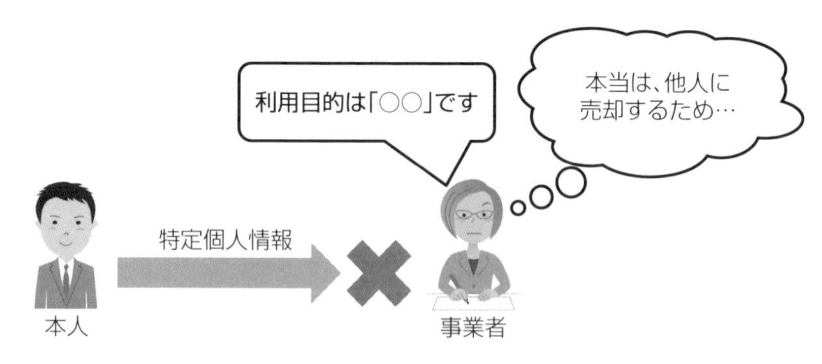

特定個人情報の取得についても、適正取得が求められるのは当然のことといえるでしょう。事業者が、他人の個人番号を第三者に対して売却する目的で、利用目的などを偽って取得することなどは当然でき

ません。

また、事業者は、従業員等の源泉徴収票作成事務等のために、その従業員等に対して個人番号の提供を求めることとなりますが、その従業員等が個人番号の提供を拒むことも考えられます。そのような場合に、例えば、判断能力が十分ではない子ども（その従業員等の子ども）を通じて、その従業員等の個人番号を従業員等の同意を得ずに取得することなどもできません。

税理士実務でも、税務代理等を依頼してきた納税者が個人番号の提供を拒むことが考えられ、とりわけ、相続税申告において普段接点のない相続人は、その提供を拒むことも考えられますが、そのような場合であっても、冷静な対応が求められます。

2　個人番号の提供を拒む者への対応

事業者が源泉徴収票等に個人番号を記載するために、本人に対して個人番号の提供を求めても、その本人が提供を拒む場合も考えられますが、社会保障や税の手続書類に個人番号を記載することは、所得税法等の法令で定められているものであることから、その本人の意思で個人番号の提供を拒むことはできません。

したがって、個人番号の提供を拒む者には、番号法の趣旨や個人番号を記載することは法令で定められていることなどを丁寧に説明して、個人番号を提供してもらう必要があります。ただし、上記**1**のように、偽りその他不正の手段を使って、個人番号の提供を受けることはできません。

本人に説明しても個人番号の提供を受けられない場合は、提供を求めた経過等を記録、保存するなどし、単なる義務違反でないことを明確にする必要があります。例えば、提供を求めた年月日、拒まれた理由等を記録、保存しておくと良いと考えられます。

なお、税務署では、番号制度導入直後の混乱を回避する観点などを考慮し、個人番号の記載がない場合でも書類を収受することとしていることから、個人番号の提供を受けられない場合は、個人番号欄を空欄にして提出することとなります（国税庁・法定調書FAQ〔Q１-２〕）。ただし、翌年以降、またその者の個人番号が必要となった場合には、再度個人番号の提供を求める必要があります。

Q6　本人から個人番号の提供を受けるときに、利用目的をあらかじめ明示するなど、個人情報保護法で求められている手続を遵守するほか、番号法特有の手続はありますか。

A　**番号法では、事業者（個人番号関係事務実施者）が、本人又はその代理人から個人番号の提供を受けるときは、本人確認を行うことを求めています。**

個人情報保護法においては、本人から個人情報を取得するときに、本人確認を行うことを求めていません。

一方、番号法においては、本人又はその代理人から個人番号を取得するときは、本人確認を行うことを求めています。

したがって、本人又はその代理人から、個人番号を取得するときは、番号法における本人確認の規定に従うこととなります（番号法16、番号令12②）。

1　番号法の本人確認の概要

番号法においては、個人番号利用事務実施者及び個人番号関係事務実施者が、本人又はその代理人から個人番号の提供を受けるときに、本人確認を行うこととしています（番号法16、番号令12）。

これを表にまとめると以下のとおりとなります。

個人番号を提供する主体	個人番号の提供を受ける主体
本人又はその代理人	個人番号利用事務実施者 個人番号関係事務実施者

このように、番号法では、個人番号のやりとりすべてにおいて本人確認を求めているわけではなく、「限られた者」が「限られた者」から個人番号の提供を受けるときに、本人確認を行うこととなります。

番号法が個人番号を取得するときに本人確認を求めている趣旨は、

「なりすまし」を防止するためです。個人番号は、本人を「正確」に「特定」することができる番号ですが、社会保障や税の手続で利用する際に、何も確認しないで手続を完了させてしまうと、「なりすまし」が行われる可能性があるからです。

そのため、番号法においては、なりすまし行為を防止するために、本人確認を行うこととしています*。

＊　番号法の本人確認の詳細は、鈴木涼介·福田あづさ著『Q&A マイナンバーの本人確認』（清文社）参照

2 本人から個人番号の提供を受ける場合

番号法の本人確認は、①12桁の個人番号が間違いないかどうか（個人番号の真正性）を確認する「番号確認」と、②現に手続を行っている者が番号の正しい持ち主であることを確認する「身元確認」とで構成されており、それらを確認するための本人確認書類（番号確認書類、身元確認書類）の提示又は提出を受ける必要があります（番号法16、番号令12①、番号規１～４、11）。

＜本人確認書類（本人型）の概要＞

①番号確認書類
個人番号カード（裏面）、通知カード、個人番号が記載された住民票の写し又は住民票記載事項証明書
②身元確認書類
個人番号カード（表面）、運転免許証、運転経歴証明書、パスポート、在留カード、特別永住者証明書等その他一定の身元確認書類

3 代理人から個人番号の提供を受ける場合

代理人から個人番号の提供を受ける場合の本人確認は、①本人の代理人で間違いないかどうかを確認する「代理権確認」と、②現に手続を行っている者が番号の正しい持ち主の代理人であることを確認する

「代理人の身元確認」、③12桁の個人番号が間違いないかどうかを確認する「本人の番号確認」とで構成されており、それらを確認するための本人確認書類（代理権確認書類、代理人の身元確認書類、本人の番号確認書類）の提示又は提出を受ける必要があります（番号令12②、番号規6～11）。

＜本人確認書類（代理人型）の概要＞

①代理権確認書類	
法定代理人の場合	戸籍謄本その他その資格を証明する書類
法定代理人以外の場合	委任状
②代理人の身元確認書類	
代理人に係る個人番号カード（表面）、運転免許証等その他一定の身元確認書類	
③本人の番号確認書類	
本人に係る個人番号カード（裏面）、通知カード、個人番号が記載された住民票の写し又は住民票記載事項証明書（その写しを含みます。）	

4　個人情報の正確性

上記1～3のとおり、個人番号を取得する場合には、番号確認とともに身元確認を行うことになることから、個人番号とともに取得する個人情報については、単に個人情報単体で取得する場合よりも、その内容の正確性は高いといえます。

なお、個人データである個人情報については、正確かつ最新の内容に保つよう努めなければならないこととされています（本章ⅢQ1参照）。

Q７　個人情報保護法の規定のうち、特定個人情報の取扱いについては適用除外になる規定はありますか。

A　番号法においては、個人情報保護法の規定のうち「利用目的による制限の例外規定」や「要配慮個人情報の取得に関する規定」などについて適用除外にしています。

個人情報保護法と番号法とは、一般法と特別法との関係にあります。したがって、特定個人情報を取り扱う際には、個人情報保護法と番号法との両方の規定を確認する必要があります。

ところで、番号法においては、以下の個人情報保護法の規定について適用除外にしています（番号法30③）。

	適用除外規定
①	利用目的による制限の例外規定のうち、以下の規定（個情法16③三、四） ㈠　公衆衛生の向上又は児童の健全な育成の推進のために特に必要がある場合であって、本人の同意を得ることが困難であるとき。 ㈡　国の機関若しくは地方公共団体又はその委託を受けた者が法令の定める事務を遂行することに対して協力する必要がある場合であって、本人の同意を得ることにより当該事務の遂行に支障を及ぼすおそれがあるとき。 ※第２章ⅡＱ４、本章ⅡＱ３参照
②	要配慮個人情報の取得に関する規定（新個情法17②） ※第２章ⅠＱ３参照
③	第三者提供の制限規定（個情法23） ※第２章ⅢＱ７、本章ⅢＱ６参照
④	外国にある第三者への提供の制限規定（新個情法24） ※第２章ⅢＱ８参照
⑤	第三者提供に係る記録の作成等の規定（新個情法25） ※第２章ⅢＱ９、本章ⅢＱ７参照
⑥	第三者提供を受ける際の確認等の規定（新個情法26） ※第２章ⅢＱ９、本章ⅢＱ８参照

したがって、特定個人情報の取扱いについては、上記個人情報保護法の規定の適用はありません。例えば、上記①は利用目的による制限の例外規定ですが、通常の個人情報であれば、上表①(ア)(イ)の場合は目的外利用ができますが、特定個人情報については、これらに該当した場合でも目的外利用することはできませんので注意が必要です（本章ⅢＱ３参照）。

Ⅲ 個人データに関するルールとマイナンバー

Q1　特定個人情報は、正確かつ最新の内容に保つ努力義務を負いますか。

A　**個人データである特定個人情報についても、正確かつ最新の内容に保つ努力義務を負います。**

個人情報保護法においては、個人情報取扱事業者は、利用目的の達成に必要な範囲内において、個人データを正確かつ最新の内容に保つよう努めなければならないとしています（個情法19）。

一方、番号法においては、この個人情報保護法における正確性・最新性の確保に関する努力義務の規定（個情法19）を適用除外にしておらず、読替規定も設けていません。また、番号法で特段の規定も設けていません。

したがって、個人データである特定個人情報の取扱いについても、個人情報保護法における正確性・最新性の確保に関する努力義務の規定に従うこととなります。

1 正確性・最新性の確保

個人情報取扱事業者は、個人データである特定個人情報について、利用目的の達成に必要な範囲内において、正確かつ最新の内容に保つよう努めなければなりません（新個情法19）。

ここで重要なのは、「利用目的の達成に必要な範囲内」において、正確性・最新性の確保が求められている点です。常に最新の情報に更新することを求められているわけではなく、それぞれの利用目的に応じて、その必要な範囲内で正確性・最新性を確保すればよいこととなります。

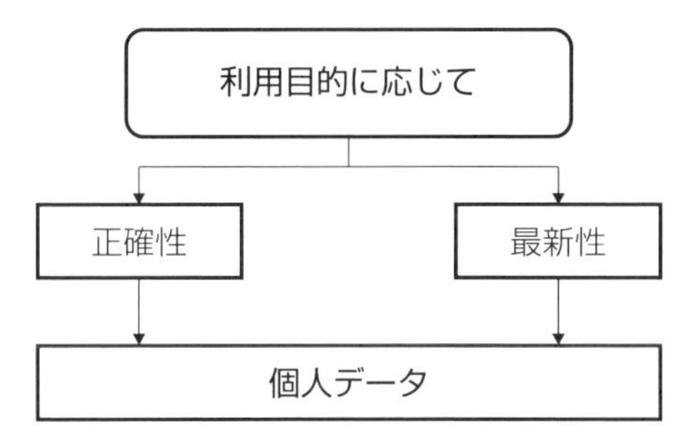

個人データである特定個人情報は、その利用目的としては源泉徴収票作成事務や健康保険・厚生年金保険届出事務などのような社会保障や税に関する行政手続となりますが、それらの手続における内容は、通常、過去の一時点での確定した内容のものであったり、その手続を行う時点等での正確かつ最新の内容のものであったりしていると思われますので、従来どおりの対応をすれば、正確性・最新性の確保に関する努力義務は履行できると考えられます。

税理士の場合も、事業者と異なることはなく、従来どおりの対応でよいと考えられます。例えば、所得税確定申告の税務代理の委嘱を受けている納税者の個人データについて、住所地の変更があれば納税地も変わる場合が多いと考えられ、通常、本人との会話や預かっている資料から住所地に変更がないかどうか確認して対応していると思われることから、変更があれば申告手続をする際に個人データである特定個人情報を更新すればよいと考えられます。また、顧問先企業等の従業員等に関する年末調整事務を行っている場合も、通常、年末調整時期に翌年分の扶養控除等申告書の記入も依頼して提出してもらっていることから、その従業員等の個人データに変更があれば、年末調整事務をする際に個人データである特定個人情報を更新すればよいと考えられます。

なお、この正確性・最新性の確保に関する努力義務は、「個人データ」に関する規定であり、「個人情報」全般にかかっているわけではありません。そのため、特定個人情報においても、個人データに該当する特定個人情報に適用があります。

2 法人番号における正確性の確保

社会保障・税番号制度（マイナンバー制度）におけるもう一つの番号として、「法人番号」があります。法人番号は、国税庁長官が、国の機関、地方公共団体、株式会社等の設立登記をした法人その他一定の団体に対して、指定して通知することになります（番号法42、番号令35～42)。法人番号の指定を受けた者を法人番号保有者といいます(番号法42④、新番号法38④)。

番号法においては、行政機関の長等（行政機関の長、地方公共団体の機関又は独立行政法人等）は、その保有する特定法人情報（法人番号保有者に関する情報であって法人番号により検索することができるもの）について、その利用目的の達成に必要な範囲内で、過去又は現在の事実と合致するよう努めなければならないこととされています(番号法45、新番号法42)。この努力義務は、個人情報保護法における個人データの正確性・最新性の確保に関する努力義務（第２章ⅢＱ１参照）と同様の趣旨で設けられたものですが、事業者には適用されず行政機関の長等にのみ適用されます。

法人その他の団体に関する情報は、個人情報には該当しないことから、法人番号も個人情報に該当しません。なお、その法人等の役員、従業員、個人株主等に関する情報は、個人情報に該当することとなります。

Q2　特定個人情報は、利用する必要がなくなった場合は、消去する努力義務を負いますか。

A　**特定個人情報については、事務を処理する必要がなくなった場合で、法令により定められている保存期間を経過した場合には、その個人番号をできるだけ速やかに廃棄又は削除しなければなりません。**

個人情報保護法においては、個人情報取扱事業者は、その個人データを利用する必要がなくなったときは、その個人データを遅滞なく消去するよう努めなければならないとしています（新個情法19）。

一方、番号法においては、何人も、「特定個人情報を提供できる場合」（番号法19各号。本章ⅢQ５参照）に該当する場合を除き、特定個人情報を収集又は保管してはなりません（番号法20）。

したがって、特定個人情報の取扱いについては、事務を処理する必要がなくなった場合で、法令により定められている保存期間を経過した場合には、番号法における収集･保管制限の規定に従うこととなります。

1　個人情報保護法における個人データの消去

個人データは、その利用する必要がなくなったときは、その個人データを遅滞なく消去するよう努めなければなりません（新個情法19）。この規定は、個人情報保護法の改正により創設されました。

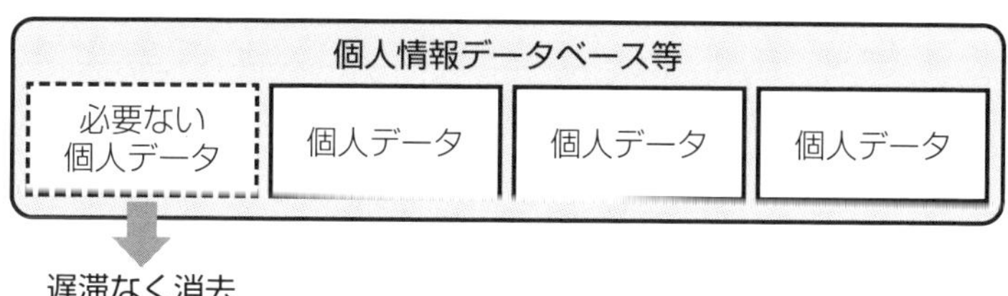

ここでいう「個人データの消去」とは、その個人データを個人データとして使えなくすることであり、そのデータを削除することのほか、そのデータから特定の個人を識別できないようにすること等を含

みます（個情法ガイドライン(通則編）3－3－1)。

2 特定個人情報の収集・保管制限

番号法では、特定個人情報は、番号法で限定的に定められた場合のみ収集又は保管することができることとなっています（番号法20)。逆にいえば、それ以外の場合には収集又は保管することはできないということになります。

ここでいう「番号法で限定的に定められた場合」についてですが、番号法では「特定個人情報を提供できる場合」（番号法19各号）を限定的に定めており、その場合に該当することをいいます（本章ⅢＱ５参照)。

したがって、「特定個人情報を提供できる場合」に該当する場合は、その提供を受けた特定個人情報を保管することができます。

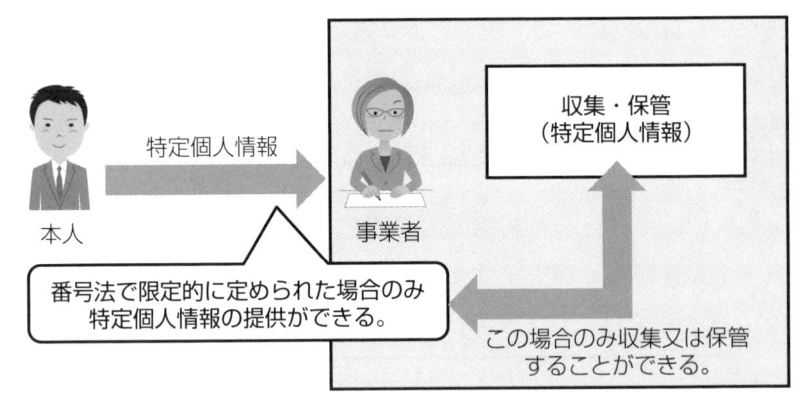

そして、提供を受けた特定個人情報については、個人番号関係事務などの番号法において限定的に定められた事務を行う必要がある場合に限り、保管し続けることができます。また、法令により一定期間その保存が義務付けられている書類等は、その保存期間中は特定個人情報を保管することとなります。

一方、個人番号関係事務などの事務を処理する必要がなくなった場合で、法令により定められている保存期間を経過した場合には、その個人番号をできるだけ速やかに廃棄又は削除しなければなりません。

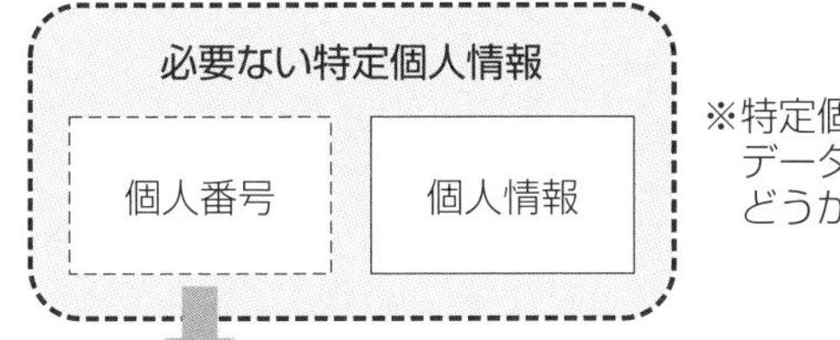

したがって、例えば、従業員等が退職して個人番号関係事務を処理する必要がなくなり、扶養控除等申告書などの保存期間が経過した場合には、その従業員等の個人番号をできるだけ速やかに廃棄又は削除しなければなりません。これは努力義務ではないので注意が必要です。

また、特定個人情報自体に収集・保管制限が課せられており、その特定個人情報が「個人データ」に該当するかどうかは関係ない点も注意が必要です。

なお、特定個人情報のうち、「個人番号」部分を廃棄又は削除して、単なる「個人情報」にすれば、その個人情報は引き続き保管することはできますが、この個人情報が「個人データ」に該当する場合で、その利用する必要がなくなったときは、上記**1**のとおり、消去する努力義務がかかります。

3　税理士実務と特定個人情報の保管

税理士は、税理士業務を行う場合に、納税者の申告書等の控えを保管したり、顧問先企業等の従業員等や支払調書の対象となる支払先に係る源泉徴収票や支払調書の控えを保管したりすることが考えられますが、それらの書類は所得税法等の法令で作成が義務付けられているわけではなく、単に税理士が業務を行った記録等のために作成しているものであることから、それらの書類に個人番号を記載して保管するかは、税理士の裁量によることとなります。

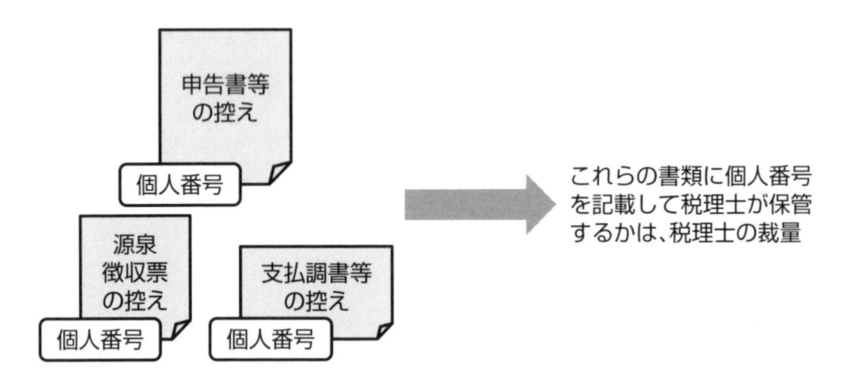

ただし、上記**2**でみたとおり、特定個人情報は、事務を行う必要がある場合に限り、保管し続けることができることから、顧問先企業等や納税者から委託された事務が完了した場合において、その後も税理士が引き続きそれらの者に関する特定個人情報を保管し続けることができるかどうか（例：税理士が申告書等の控えや源泉徴収票等の控えに個人番号が記載された状態で保管し続けることができるかどうか）は、顧問先企業等や納税者との契約関係によることになると考えられます。

顧問先企業等や納税者と顧問契約（継続的な委託契約）がある場合には、翌年以後もその顧問契約に基づいて、その顧問先企業等や納税者に関する個人番号を取り扱う必要性があり、顧問先企業等や納税者の意思も税理士が継続的にその個人番号を取扱うことを前提に事務を委託していると考えられることから、特定個人情報を引き続き保管し続けることができると考えられます。

一方、顧問契約がない場合に、その事務が完了した後においても税理士がその事務のために提供を受けた特定個人情報を保管し続けることができるかは、「当事者の意思」によるものと考えられます。

税理士が作成した税務書類は、顧問契約の有無にかかわらず、税理士が一定程度の責任を負うものと考えられます。そして、その税務書類に対する税務当局や納税者、顧問先企業等からの問い合わせ等に対応することについても、その委託された事務の範疇に含まれていると考えることができ、かつ、それが当事者の意思であると考えられます。このように考えると、通常は、税務における更正決定等の期間制限である７年間は、税理士として、上記事務に対応するために顧問先企業等や納税者に関する特定個人情報を保管する必要性があることから、それらの者に関する特定個人情報を保管することができると考えられます。

一方、顧問先企業等や納税者が、税理士に対して、個人番号の廃棄を求めている場合などは、その税理士の上記事務に関する今後の関与を終了させるものであり、特定個人情報を保管する必要性は失われていることから、当然、税理士はその個人番号を廃棄すべきであると考えられます。

なお、税理士が、顧問先企業等や納税者から特定個人情報の保管の委託を受けている場合には、その委託期間中は、特定個人情報を保管し続けることができます。

4　税理士ガイドブックにおけるひな型

日本税理士会連合会が作成した「税理士のためのマイナンバー対応ガイドブック」（以下「税理士ガイドブック」といいます。）においては、「特定個人情報等の外部委託に関する合意書」又は「特定個人情報等の取扱いに関する覚書」に、以下のとおり、「特定個人情報等の返還」という条項が設けられています。

（特定個人情報等の返還）
第10条　乙は、甲からの本件業務の委託が終了したときは、速やかに甲から提供された特定個人情報等及びその複製物を返還するとともに、磁気媒体等に記録した特定個人情報等がある場合には、これを完全に削除し、以後特定個人情報等を保有しないものとする。
２　前項の規定に関わらず、乙は、本人である甲、税務当局等からの本件業務に関する内容の照会、情報提供の要請等（以下「内容照会等」という。）に対応するために必要がある場合には、甲の許諾を得て、当該内容照会等を処理する期間を限度として、特定個人情報等を保有することができる。
（※甲＝委嘱者、乙＝税理士）

上記10条１項は、原則どおり、委託された事務が終了したとき（顧問契約がある場合は、その顧問契約が終了したとき）は、個人番号及び特定個人情報を保管しないこととしています。そして、同条２項において、委嘱者である納税者や税務当局等からの内容照会等のために、委嘱者の許諾を得て、事務を処理する期間を限度として、保管し続けることができるとしています。

税理士は、税務代理や税務書類の作成の委嘱を受けて、顧問先企業等や納税者の個人番号を取り扱うこととなりますが、委嘱を受けたからといって、当然に、半永久的にそれらの者に関する個人番号を保管し続けることができるというわけではない点に注意が必要です。

Q3　特定個人情報を取り扱う場合も安全管理措置や従業者の監督は必要ですか。

A　番号法では、個人番号の安全管理措置義務がかかっています。そのため、個人番号及び特定個人情報を取り扱う場合には、個人情報保護法における安全管理措置及び従業者の監督に加え、番号法における安全管理措置をマイナンバーガイドラインに従って講ずることとなります。

個人情報保護法においては、個人データの安全管理措置（個情法20)、従業者の監督（個情法21）が定められています。

一方、番号法においては、個人番号の安全管理措置（番号法12）が定められています。また、個人情報保護法における個人データの安全管理措置及び従業者の監督の規定は、特定個人情報についても適用除外とされておらず、読替規定もありません。

したがって、個人情報保護法における安全管理措置及び従業者の監督に加え、番号法における安全管理措置をマイナンバーガイドラインに従って講ずることとなります。

1　個人情報保護法における安全管理措置及び従業者の監督

個人情報取扱事業者は、その取り扱う個人データの漏えい、滅失又はき損の防止その他の個人データの安全管理のために必要かつ適切な措置を講じなければなりません（個情法20)。また、個人情報取扱事業者は、その従業者に個人データを取り扱わせるに当たっては、その個人データの安全管理が図られるよう、その従業者に対する必要かつ適切な監督を行わなければなりません（個情法21)。

2 番号法における安全管理措置

1 概要

番号法では、個人番号関係事務実施者及び個人番号利用事務実施者は、個人番号の漏えい、滅失又は毀損の防止その他の個人番号の適切な管理のために必要な措置を講じなければならないこととされています（番号法12）。この安全管理措置は、個人番号自体にかかっており、その個人番号が個人データに含まれているかを問いません。また、個人情報保護法の個人情報は「生存する個人に関する情報」を法の適用対象としていますが、番号法の個人番号は「死者の個人番号」も含めて法の適用対象としていることから、番号法における個人番号の安全管理措置は、「死者の個人番号」も対象になります。

個人番号及び特定個人情報（以下「特定個人情報等」といいます。）の安全管理措置における具体的な内容や手法の例示は、マイナンバーガイドラインに定められています。具体的には、規程類の策定として「基本方針の策定」、「取扱規程等の策定」があり、具体的な措置として「組織的」、「人的」、「物理的」、「技術的」な措置を講ずることとなります。なお、「基本方針の策定」は、義務ではなく任意です。また、「取扱規程等の策定」は、原則としては義務ですが、下記3の中小規模事業者に該当する場合は任意です。

2 「個人情報取扱事業者でない個人番号取扱事業者」に対する規定

個人情報保護法における「個人情報取扱事業者」に該当しない事業者（個人情報取扱事業者でない個人番号取扱事業者）は、個人情報保護法の適用がなく、番号法のみが適用されていました。しかし、個人の権利利益を保護する観点から、そのような事業者に対しても、個人情報保護法に準じた以下の規定が番号法に設けられていました。

① 特定個人情報の目的外利用の禁止（番号法32）
② 特定個人情報の安全管理措置（番号法33）
③ 従業者の監督（番号法34）
④ 報道機関等の適用除外（番号法35）

新個人情報保護法の施行により、基本的には、すべての事業者が「個人情報取扱事業者」に該当することから、これらの規定は新番号法では削除されています。

3 中小規模事業者の特例

特定個人情報等の安全管理措置は、事業者の規模にかかわらず、特定個人情報等を取り扱うすべての事業者が講ずべきものです。しかし、例えば、従業員数が多い会社と数人の会社では、特定個人情報等を取り扱う量や業務に関わる人数が異なることから、当然のことながら、講ずべき措置の内容も自ずと異なることとなります。

そこで、マイナンバーガイドラインにおいては、特定個人情報等を取り扱う量が少なく、また、特定個人情報等を取り扱う従業者が限定的な事業者を「中小規模事業者」とし、実務への影響を配慮した「中小規模事業者における対応方法」を示しています。

本書執筆時点では、新個人情報保護法に対応するマイナンバーガイドラインの改定は行われていませんが、同法に対応するための改定に関するパブリックコメントが行われており、改定案のマイナンバーガイドラインにおける中小規模事業者の範囲は以下のとおりとされています。

中小規模事業者とは、事業者のうち従業員の数が100人以下の事業者をいう。ただし、次に掲げる事業者を除く。

> ①　個人番号利用事務実施者
> ②　委託に基づいて個人番号関係事務又は個人番号利用事務を業務として行う事業者
> ③　金融分野（個人情報保護委員会・金融庁作成の「金融分野における個人情報保護に関するガイドライン」第１条第１項に定義される金融分野）の事業者
> ④　その事業の用に供する個人情報データベース等を構成する個人情報によって識別される特定の個人の数の合計が過去６月以内のいずれかの日において5,000を超える事業者

上記④の事業者は、現行のマイナンバーガイドラインでは「個人情報取扱事業者」とされています。新個人情報保護法の施行により、基本的には、すべての事業者が「個人情報取扱事業者」に該当することから、「中小規模事業者」の特例の存在意義がなくなるのではないかという疑問が生じていました。

この点、個情法ガイドライン（通則編）におけるパブリックコメントの回答に以下のとおり記載されています。

> 改正後の法の全面施行後の「特定個人情報の適正な取扱いに関するガイドライン」（個人情報保護委員会）における中小規模事業者の範囲等については、いただいた御意見も踏まえ、実質的に現状と同様の取扱いとなる方向で検討してまいります。

そして、パブリックコメントに付されているマイナンバーガイドラインの改定案では、上記④の要件に修正することとされており、この要件は、新個人情報保護法の施行前における「個人情報取扱事業者」に該当するか否かの要件（5,000を超える者は個人情報取扱事業者に該当。）であることから、個人情報保護法改正前後において、中小規模事業者の範囲は実質的には変更がないということになります。

なお、中小規模事業者が、中小規模事業者における対応方法によらず、本則の安全管理措置を講ずることは何ら問題なく、積極的に行うことはむしろ望ましいことといえます。

＜安全管理措置（本則）と中小規模事業者における対応方法＞

安全管理措置の内容（本則）	中小規模事業者における対応方法
A　基本方針の策定 特定個人情報等の適正な取扱いの確保について組織として取り組むために、基本方針を策定することが重要である。	（同左）
B　取扱規程等の策定 事務の流れを整理し、特定個人情報等の具体的な取扱いを定める取扱規程等を策定しなければならない。	○　特定個人情報等の取扱い等を明確化する。 ○　事務取扱担当者が変更となった場合、確実な引継ぎを行い、責任ある立場の者が確認する。
C　組織的安全管理措置 事業者は、特定個人情報等の適正な取扱いのために、次に掲げる組織的安全管理措置を講じなければならない。	
a　組織体制の整備 安全管理措置を講ずるための組織体制を整備する。	○　事務取扱担当者が複数いる場合、責任者と事務取扱担当者を区分することが望ましい。
b　取扱規程等に基づく運用 取扱規程等に基づく運用を行うとともに、その状況を確認するため、システムログ又は利用実績を記録する。	○　特定個人情報等の取扱状況の分かる記録を保存する。
c　取扱状況を確認する手段の整備 特定個人情報ファイルの取扱状況を確認するための手段を整備する。 なお、取扱状況を確認するための記録等には、特定個人情報等は記載しない。	○　特定個人情報等の取扱状況の分かる記録を保存する。

<table>
<tr><td>d　情報漏えい等事案に対応する体制の整備
情報漏えい等の事案の発生又は兆候を把握した場合に、適切かつ迅速に対応するための体制を整備する。
情報漏えい等の事案が発生した場合、二次被害の防止、類似事案の発生防止等の観点から、事案に応じて、事実関係及び再発防止策等を早急に公表することが重要である。</td><td>○　情報漏えい等の事案の発生等に備え、従業者から責任ある立場の者に対する報告連絡体制等をあらかじめ確認しておく。</td></tr>
<tr><td>e　取扱状況の把握及び安全管理措置の見直し
特定個人情報等の取扱状況を把握し、安全管理措置の評価、見直し及び改善に取り組む。</td><td>○　責任ある立場の者が、特定個人情報等の取扱状況について、定期的に点検を行う。</td></tr>
<tr><td colspan="2">D　人的安全管理措置
事業者は、特定個人情報等の適正な取扱いのために、次に掲げる人的安全管理措置を講じなければならない。</td></tr>
<tr><td>a　事務取扱担当者の監督
事業者は、特定個人情報等が取扱規程等に基づき適正に取り扱われるよう、事務取扱担当者に対して必要かつ適切な監督を行う。</td><td>（同左）</td></tr>
<tr><td>b　事務取扱担当者の教育
事業者は、事務取扱担当者に、特定個人情報等の適正な取扱いを周知徹底するとともに適切な教育を行う。</td><td>（同左）</td></tr>
<tr><td colspan="2">E　物理的安全管理措置
事業者は、特定個人情報等の適正な取扱いのために、次に掲げる物理的安全管理措置を講じなければならない。</td></tr>
</table>

a　特定個人情報等を取り扱う区域の管理 　特定個人情報等の情報漏えい等を防止するために、特定個人情報ファイルを取り扱う情報システムを管理する区域（以下「管理区域」という。）及び特定個人情報等を取り扱う事務を実施する区域（以下「取扱区域」という。）を明確にし、物理的な安全管理措置を講ずる。	（同左）
b　機器及び電子媒体等の盗難等の防止 　管理区域及び取扱区域における特定個人情報等を取り扱う機器、電子媒体及び書類等の盗難又は紛失等を防止するために、物理的な安全管理措置を講ずる。	（同左）
c　電子媒体等の取扱いにおける漏えい等の防止 　特定個人情報等が記録された電子媒体又は書類等を持ち運ぶ場合、容易に個人番号が判明しないよう、安全な方策を講ずる。 　「持ち運ぶ」とは、特定個人情報等を管理区域又は取扱区域の外へ移動させること又は当該区域の外から当該区域へ移動させることをいい、事業所内での移動等であっても、特定個人情報等の紛失・盗難等に留意する必要がある。	○　特定個人情報等が記録された電子媒体又は書類等を持ち運ぶ場合、パスワードの設定、封筒に封入し鞄に入れて搬送する等、紛失・盗難等を防ぐための安全な方策を講ずる。

<table>
<tr><td>d　個人番号の削除、機器及び電子媒体等の廃棄
　個人番号若しくは特定個人情報ファイルを削除した場合、又は電子媒体等を廃棄した場合には、削除又は廃棄した記録を保存する。また、これらの作業を委託する場合には、委託先が確実に削除又は廃棄したことについて、証明書等により確認する。</td><td>○　特定個人情報等を削除・廃棄したことを、責任ある立場の者が確認する。</td></tr>
<tr><td colspan="2">F　技術的安全管理措置
　事業者は、特定個人情報等の適正な取扱いのために、次に掲げる技術的安全管理措置を講じなければならない。</td></tr>
<tr><td>a　アクセス制御
　情報システムを使用して個人番号関係事務又は個人番号利用事務を行う場合、事務取扱担当者及び当該事務で取り扱う特定個人情報ファイルの範囲を限定するために、適切なアクセス制御を行う。</td><td>○　特定個人情報等を取り扱う機器を特定し、その機器を取り扱う事務取扱担当者を限定することが望ましい。
○　機器に標準装備されているユーザー制御機能（ユーザーアカウント制御）により、情報システムを取り扱う事務取扱担当者を限定することが望ましい。</td></tr>
<tr><td>b　アクセス者の識別と認証
　特定個人情報等を取り扱う情報システムは、事務取扱担当者が正当なアクセス権を有する者であることを、識別した結果に基づき認証する。</td><td>○　特定個人情報等を取り扱う機器を特定し、その機器を取り扱う事務取扱担当者を限定することが望ましい。
○　機器に標準装備されているユーザー制御機能（ユーザーアカウント制御）により、情報システムを取り扱う事務取扱担当者を限定することが望ましい。</td></tr>
</table>

c　外部からの不正アクセス等の防止 　情報システムを外部からの不正アクセス又は不正ソフトウェアから保護する仕組みを導入し、適切に運用する。	（同左）
d　情報漏えい等の防止 　特定個人情報等をインターネット等により外部に送信する場合、通信経路における情報漏えい等を防止するための措置を講ずる。	（同左）

（出典）　個人情報保護委員会資料を基に作成

3　安全管理措置の差異

個情法ガイドライン（通則法）の安全管理措置は、第1章Ⅱで説明したとおり、マイナンバーガイドラインに準ずることとしつつ、個人番号（マイナンバー）と個人情報全般の取り扱われ方の差異等を踏まえて必要な調整を行って策定されています。

ここでは、安全管理措置の内容について、マイナンバーガイドライン（改定案パブコメベース。以下、このQにおいて同じです。）で示されている内容と個情法ガイドライン（通則法）で示されている内容の主な差異を解説します。

1　中小規模事業者の取扱い

❶　中小規模事業者の範囲

中小規模事業者に該当するかどうかは、マイナンバーガイドラインも個情法ガイドライン（通則編）も、「従業員数100人以下」かどうかで判断することは変わりません。

ただし、中小規模事業者から除外される事業者（除外事業者）の範囲が異なります。

⑴　マイナンバーガイドラインの除外事業者
①　個人番号利用事務実施者
②　委託に基づいて個人番号関係事務又は個人番号利用事務を業務として行う事業者
③　金融分野（個人情報保護委員会・金融庁作成の「金融分野における個人情報保護に関するガイドライン」第１条第１項に定義される金融分野）の事業者
④　その事業の用に供する個人情報データベース等を構成する個人情報によって識別される特定の個人の数の合計が過去６月以内のいずれかの日において5,000を超える事業者
⑵　個情法ガイドライン（通則編）の除外事業者
①　その事業の用に供する個人情報データベース等を構成する個人情報によって識別される特定の個人の数の合計が過去６月以内のいずれかの日において5,000を超える者
②　委託を受けて個人データを取り扱う者

マイナンバーガイドラインも個情法ガイドライン（通則編）も、「委託を受ける事業者」（上表⑴②、⑵②）及び「個人情報の取扱量が多い事業者」（5,000件超）（上表⑴④、⑵①）を除外事業者に含めている点は共通しています。

一方で、マイナンバーガイドラインにおいては「金融分野の事業者」（上表⑴③）を除外事業者に含めているのに対し、個情法ガイドライン（通則編）では含めていません。

また、「個人番号利用事務実施者」（上表⑴①）という番号法特有の事業者もマイナンバーガイドラインでは除外事業者に含めています。

❷　中小規模事業者における対応方法

マイナンバーガイドラインにおいては、中小規模事業者の「特例的な対応方法」を示し、中小規模事業者は安全管理措置の「本則」ではなく、その「特例的な対応方法」を行えばよいこととされています。

例えば、マイナンバーガイドラインにおける「（別添）特定個人情報に関する安全管理措置（事業者編）」（以下「別添安全管理措置」といいます。）の「Ｂ取扱規程等の策定」は、以下のように規定しています。

安全管理措置（本則）
事務の流れを整理し、特定個人情報等の具体的な取扱いを定める取扱規程等を策定しなければならない。
中小規模事業者における対応方法（抜粋）
特定個人情報等の取扱い等を明確化する。

安全管理措置の「本則」では、「取扱規程等を策定しなければならない。」とし、その策定を義務付けているのに対し、中小規模事業者の特例的な対応方法では、「取扱い等を明確化する。」とし、その策定を義務付けていません。このように、マイナンバーガイドラインにおける中小規模事業者の「特例的な対応方法」は、「本則」に対する「特例的な対応方法」という位置付けとなっています。

これに対し、個情法ガイドライン（通則編）においては、中小規模事業者とそれ以外の事業者とで、講ずべき措置の内容を共通させた上で、手法の例示でそのレベル感に差異を設けています。

例えば、個情法ガイドライン（通則編）の「（別添）講ずべき安全管理措置の内容」（以下「個情法GL別添安全管理措置」といいます。）における「８－２個人データの取扱いに係る規律の整備」は、「個人データの具体的な取扱いに係る規律を整備しなければならない。」という共通の措置の下、中小規模事業者以外の事業者は「取扱規程等を策定することが考えられる。」とし、中小規模事業者では「基本的な取扱方法を整備する。」としています。したがって、中小規模事業者の対応方法は、措置の特例ではなく、手法の例示という位置付けとなっています。

講じなければならない措置
個人情報取扱事業者は、その取り扱う個人データの漏えい等の防止その他の個人データの安全管理のために、個人データの具体的な取扱いに係る規律を整備しなければならない。
手法の例示
取得、利用、保存、提供、削除・廃棄等の段階ごとに、取扱方法、責任者・担当者及びその任務等について定める個人データの取扱規程を策定することが考えられる。なお、具体的に定める事項については、以降に記述する組織的安全管理措置、人的安全管理措置及び物理的安全管理措置の内容並びに情報システム（パソコン等の機器を含む。）を使用して個人データを取り扱う場合（インターネット等を通じて外部と送受信等する場合を含む。）は技術的安全管理措置の内容を織り込むことが重要である。
中小規模事業者における手法の例示
個人データの取得、利用、保存等を行う場合の基本的な取扱方法を整備する。

2　取扱規程等の策定

上記１❷で示したとおり、マイナンバーガイドラインの別添安全管理措置では、「取扱規程等の策定」が原則「義務」となっているのに対し、個情法GL別添安全管理措置では、「個人データの具体的な取扱いに係る規律を整備しなければならない。」とし、「取扱規程等の策定」はその一例という位置付けとなっています。

3　取扱規程等に基づく運用

マイナンバーガイドラインの別添安全管理措置では、「Cb取扱規程等に基づく運用」において、取扱規程等に基づく運用を行うとともに、その状況を確認するため、「システムログ又は利用実績を記録する。」ことを求めています。

これに対して、個情法GL別添安全管理措置では、「８－３⑵個人データの取扱いに係る規律に従った運用」において、「システムログ又は利用実績を記録することも重要である。」とし、システムログ又は利用実績の記録を義務付けていません。

マイナンバーガイドラインの別添安全管理措置（Cb 取扱規程等に基づく運用）
取扱規程等に基づく運用を行うとともに、その状況を確認するため、システムログ又は利用実績を記録する。
個情法 GL 別添安全管理措置（8-3(2)個人データの取扱いに係る規律に従った運用）
あらかじめ整備された個人データの取扱いに係る規律に従って個人データを取り扱わなければならない。 なお、整備された個人データの取扱いに係る規律に従った運用の状況を確認するため、システムログ又は利用実績を記録することも重要である。

4 削除又は廃棄の記録等

マイナンバーガイドラインの別添安全管理措置では、「Ed 個人番号の削除、機器及び電子媒体等の廃棄」において、個人番号や機器及び電子媒体等を削除又は廃棄した場合には、「削除又は廃棄した記録を保存する。」ことを求めています。また、廃棄業者等に委託する場合には、確実に削除又は廃棄したことについて「証明書等により確認する。」ことを求めています。

これに対して、個情法 GL 別添安全管理措置では、「8-5(4)個人データの削除及び機器、電子媒体等の廃棄」において、「削除又は廃棄した記録を保存すること」や「委託先が確実に削除又は廃棄したことについて証明書等により確認すること」も「重要である。」とし、削除又は廃棄の記録や証明書等の確認を義務付けていません。

マイナンバーガイドラインの別添安全管理措置（Ed 個人番号の削除、機器及び電子媒体等の廃棄）

個人番号若しくは特定個人情報ファイルを削除した場合、又は電子媒体等を廃棄した場合には、削除又は廃棄した記録を保存する。また、これらの作業を委託する場合には、委託先が確実に削除又は廃棄したことについて、証明書等により確認する。

個情法 GL 別添安全管理措置（8-5⑷個人データの削除及び機器、電子媒体等の廃棄）

個人データを削除した場合、又は、個人データが記録された機器、電子媒体等を廃棄した場合には、削除又は廃棄した記録を保存することや、それらの作業を委託する場合には、委託先が確実に削除又は廃棄したことについて証明書等により確認することも重要である。

Q4　個人番号関係事務を再委託する場合には、何か特別な手続が必要ですか。

A　**個人番号関係事務又は個人番号利用事務の全部又は一部の委託を受けた者は、その事務の委託をした者の許諾を得た場合に限り、その全部又は一部の再委託をすることができます。**

個人情報保護法においては、個人データの取扱いの全部又は一部を再委託する場合の手続を特段定めていません。

一方、番号法においては、個人番号関係事務又は個人番号利用事務の全部又は一部の委託を受けた者は、その事務の委託をした者の許諾を得た場合に限り、その全部又は一部の再委託をすることができます（番号法10）。

したがって、個人番号関係事務又は個人番号利用事務を再委託する場合には、番号法における再委託の規定に従うこととなります。

1　個人データの取扱いの再委託

個人情報保護法においては、個人データの取扱いの全部又は一部を委託することが認められており、その委託された事務をさらに委託（再委託）することも可能ですが、再委託する場合の手続を特段定めていません。通常は、当事者間の契約の中で、再委託に関する取り決めがあり、再委託を禁止したり、委託者の許諾を得た場合に再委託を認めたりするのが一般的であると考えられます。

したがって、個人データの中に個人番号が含まれておらず、単に個人データの取扱いの全部又は一部を再委託する場合は、個々の契約に従えば足りるということになります。

一方、その個人データの中に個人番号が含まれており、個人番号関係事務又は個人番号利用事務の再委託として、その個人データの取扱いを再委託する場合は、下記**2**の取扱いに従うこととなります。

2 個人番号関係事務又は個人番号利用事務の再委託

1 再委託の許諾

番号法では、個人番号関係事務又は個人番号利用事務の全部又は一部を委託することを認めており（番号法2⑫⑬）、その委託された事務をさらに委託（再委託）することも可能です。ただし、「最初の委託者」の許諾を得た場合に限り、再委託をすることができます。

すなわち、個人番号関係事務又は個人番号利用事務の全部又は一部の委託を受けた者は、その事務の委託をした者（最初の委託者）の許諾を得た場合に限り、その全部又は一部の再委託をすることができます（番号法10）。なお、この取扱いは、個人番号が個人データの中に含まれているかどうかは関係なく、個人番号関係事務又は個人番号利用事務の再委託を行おうとするときに一律適用があります。

この再委託の規定で重要なのは、「最初の委託者の許諾」が必要であるということです。例えば、事業者Ａが、事業者Ｂに個人番号関係事務を委託し、それをさらに事業者Ｃに再委託しようとする場合、事業者Ｂは事業者Ａの許諾を得なければ再委託をすることはできません。また、事業者Ｃがさらに事業者Ｄに再々委託をしようとする場合、事業者Ｃは事業者Ａ（最初の委託者）の許諾を得なければ再々委託をすることはできません（再々々委託以降も同様です。）。

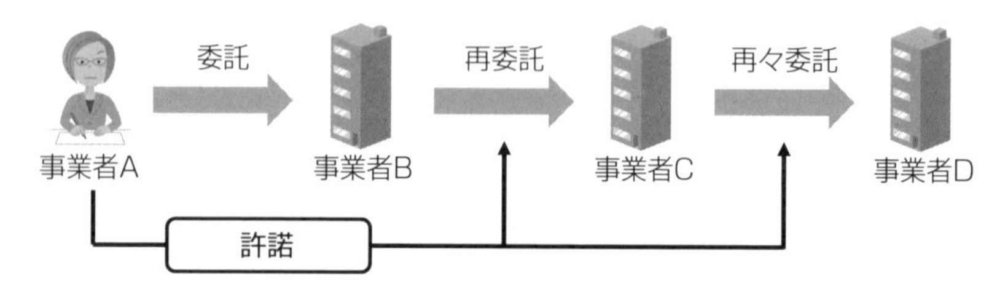

したがって、税理士が顧問先企業等や納税者の個人番号関係事務を行う場合において、その事務の再委託を行おうとするときは、顧問先

企業等や納税者から再委託の許諾を得る必要があります。

なお、税理士が、顧問先企業等や納税者の本人事務（本章ⅠQ４）を行う場合において、その事務の再委託を行おうとするときは、個人番号関係事務の再委託ではないことから、番号法の規定の適用はありませんが、税理士は税理士法38条において秘密を守る義務（守秘義務）が課されていることから、そのような場合であっても、顧問先企業等や納税者から再委託の許諾を得ることは当然の対応であると考えられます。

2 許諾を求める時期

再委託の許諾を求める時期は、原則として、再委託を行おうとする時点となります。再委託の許諾を得る必要があるとされているのは、再委託先が十分な安全管理措置を講ずることのできる適切な業者かどうかを確認させるためです。そのため、あらかじめ再委託の許諾を得ることは、原則としてできません。

ただし、委託契約の締結時点で、以下のすべての要件を満たしている場合には、あらかじめ再委託の許諾を得ることができます（マイナンバーガイドラインＱ＆Ａ〔Ｑ３－９〕）。

①　再委託先となる可能性のある業者が具体的に特定されていること
②　適切な資料等に基づいてその業者が特定個人情報を保護するための十分な措置を講ずる能力があることが確認されていること
③　実際に再委託が行なわれたときは、必要に応じて、委託者に対してその旨の報告をし、再委託の状況について委託先が委託者に対して定期的に報告するとの合意がなされていること

Q５　個人番号関係事務を委託した場合には、委託先を監督する必要がありますか。

A　**個人番号関係事務又は個人番号利用事務の全部又は一部を委託する者は、その委託を受けた者（委託先）に対する必要かつ適切な監督を行わなければなりません。**

個人情報保護法においては、個人情報取扱事業者は、個人データの取扱いの全部又は一部を委託する場合は、その取扱いを委託された個人データの安全管理が図られるよう、委託を受けた者に対する必要かつ適切な監督を行わなければならないとしています（個情法22）。

一方、番号法においては、個人番号関係事務又は個人番号利用事務の全部又は一部の委託をする者は、その委託に係る個人番号関係事務又は個人番号利用事務において取り扱う特定個人情報の安全管理が図られるよう、その委託を受けた者に対する必要かつ適切な監督を行わなければなりません（番号法11）。

したがって、個人番号関係事務又は個人番号利用事務を委託する場合には、番号法における委託先の監督義務規定に従うこととなります。

1　個人データの取扱いの委託

個人情報取扱事業者は、個人データの取扱いの全部又は一部を委託する場合は、その取扱いを委託された個人データの安全管理が図られるよう、委託を受けた者に対する必要かつ適切な監督を行わなければなりません（個情法22）。すなわち、個人情報保護法に基づき自らが講ずべき安全管理措置と同等の措置が講じられるよう、監督を行う必要があります。

ここでいう「個人データの取扱いの委託」とは、契約の形態・種類を問わず、個人情報取扱事業者が他の者に個人データの取扱いを行わせることをいいます。具体的には、個人データの入力（本人からの取得を含む。）、編集、分析、出力等の処理を行うことを委託すること等が想定されます。

個人データの取扱いの全部又は一部を委託する場合

個人情報保護法における
委託先の監督義務規定

なお、その個人データの中に個人番号が含まれており、個人番号関係事務又は個人番号利用事務の委託として、その個人データの取扱いを委託する場合には、下記2の取扱いに従うこととなります。

2　個人番号関係事務又は個人番号利用事務の委託

1　委託先の監督

個人番号関係事務又は個人番号利用事務の全部又は一部の委託をする者は、委託を受けた者において取り扱う特定個人情報の安全管理が図られるように、その委託を受けた者に対する必要かつ適切な監督を行わなければなりません。すなわち、委託をする者は、委託を受けた者において、番号法に基づき委託をする者自らが果たすべき安全管理措置と同等の措置が講じられるよう必要かつ適切な監督を行わなければなりません。

個人番号関係事務又は個人番号利用
事務の全部又は一部の委託

番号法における
委託先の監督義務規定

なお、この取扱いは、個人番号が個人データの中に含まれているかどうかは関係なく、個人番号関係事務又は個人番号利用事務の委託を行うときに一律適用があります。

2 必要かつ適切な監督

「必要かつ適切な監督」には、①委託先の適切な選定、②委託先に安全管理措置を遵守させるために必要な契約の締結、③委託先における特定個人情報の取扱状況の把握が含まれます（マイナンバーガイドライン第４－２－(1))。

委託先の選定については、委託者は、委託先において、番号法に基づき委託者自らが果たすべき安全管理措置と同等の措置が講じられるか否かについて、あらかじめ確認しなければなりません。具体的な確認事項としては、以下の事項が挙げられます。

①　委託先の設備
②　技術水準
③　従業者に対する監督・教育の状況
④　その他委託先の経営環境　等

また、委託契約の締結及び取扱状況の把握については、主に委託契約の内容を通じて実現していくものと考えられます。マイナンバーガイドラインでは、契約内容として、以下の事項を盛り込まなければならないとしています（マイナンバーガイドライン第４－２－(1)）。

① 秘密保持義務
② 事業所内からの特定個人情報の持出しの禁止
③ 特定個人情報の目的外利用の禁止
④ 再委託における条件
⑤ 漏えい事案等が発生した場合の委託先の責任
⑥ 委託契約終了後の特定個人情報の返却又は廃棄
⑦ 従業者に対する監督・教育
⑧ 契約内容の遵守状況について報告を求める規定　等

なお、これらの契約内容のほか、特定個人情報を取り扱う従業者の明確化、委託者が委託先に対して実地の調査を行うことができる規定等を盛り込むことが望ましいでしょう。

3 税理士実務と委託

❶ 税理士の位置付けと委託

税理士が税理士業務で特定個人情報を取り扱う場合は、その委嘱を受けた事務の内容、顧問先企業等や納税者の状況等によって、税理士の位置付けが異なってきます（本章ⅠQ４参照）。すなわち、所得税確定申告の委嘱を受けた場合に、ある納税者との関係では個人番号関係事務になるときもあれば、他の納税者との関係では本人事務になるときもあります。また、同じ納税者であっても、その状況によって、ある年は個人番号関係事務が発生しているが、ある年では本人事務のみということもあり得ます。

このように、税理士が税理士業務で特定個人情報を取り扱う場合は、個人番号関係事務と本人事務とが混在することになり、それを厳密に区分して対応することは、事務を無用に煩雑にし、かえって特定個人情報の適正な取扱いに支障をきたすこととなります。また、税理士は、税理士法において「信用失墜行為の禁止」（税理士法37）及び「秘密を守る義務」（税理士法38）が課されており、どのような場合であっても、顧問先企業等や納税者の特定個人情報を適正に取り扱う必要があります。

したがって、税理士が税理士業務で特定個人情報を取り扱う場合は、その位置付けにかかわらず、上記**2**の個人番号関係事務の委託を受けたものとして、顧問先企業等や納税者に対応すべきであると考えられます。

❷　税理士ガイドブックによるひな型

上記２にあるとおり、マイナンバーガイドラインでは、必要かつ適切な監督として、秘密保持義務等の一定の規定を盛り込まなければならないこととなっています。

そこで、税理士ガイドブックにおいては、委託契約書のひな型である「業務契約書（ひな型）」、「特定個人情報等の外部委託に関する合意書（ひな型）」及び「特定個人情報等の取扱いに関する覚書（ひな型）」が示されています。

これらの書類の使い分けとしては、以下のとおりとなります。

①　顧問契約を締結している場合
- 「業務契約書（ひな型）」
- 「特定個人情報等の外部委託に関する合意書（ひな型）」の両方を作成

②　顧問契約を締結しておらず、委託に関する契約書も作成していない場合
- 「特定個人情報等の取扱いに関する覚書（ひな型）」を作成

顧問契約を締結している場合には、通常、契約書を作成していると考えられることから、その契約書に下記の「業務契約書（ひな型）」に記載されている「特定個人情報等の取扱い」という条項を追加し

て、別途「特定個人情報等の外部委託に関する合意書」を作成することになります。

また、顧問契約を締結しておらず、委託に関する契約書も作成していない依頼者などにおける個人番号及び特定個人情報の取扱いについては、「特定個人情報等の取扱いに関する覚書」を作成していくこととなります。

＜業務契約書のひな型（一部抜粋）＞

第５条　特定個人情報等の取扱い
乙は甲との「特定個人情報等の外部委託に関する合意書」に則り、甲から乙に開示又は提供された個人番号及び特定個人情報（以下「特定個人情報等」という。）を適切に取り扱うものとする。

＜特定個人情報の外部委託に関する合意書のひな型（抜粋）＞

特定個人情報等の外部委託に関する合意書（ひな型）

○○○（以下「甲」という。）と＊＊＊（以下「乙」という。）は、甲乙間に＊年＊月＊日締結の業務契約書に基づき甲が乙に業務契約書第１条に規定する業務（以下「本件業務」という。）を委託するに当たり、甲から乙に開示又は提供する特定個人情報等の取扱いに関して、以下のとおり合意する。

（定義）
第１条　個人情報とは、甲から乙に開示又は提供される個人に関する情報であって、当該情報に含まれる氏名、住所、生年月日その他の記述又は画像もしくは音声により当該個人を識別できるもの（他の情報と容易に照合することによって当該個人を識別することができるものを含む。）をいい、その開示又は提供媒体を問わない。
２．　個人番号とは、住民票コードを変換して得られる番号であって、当該住民票コードが記載された住民票に係る者を識別するために指定されるもの（個人番号に対応し、当該個人番号に代わって用いられる番号、記号その他の符号であって、住民票コード以外のものを含む。以下同じ。）をいう。
３．　特定個人情報とは、個人番号をその内容に含む個人情報をいう。

（特定個人情報等の適切な取扱い）
第２条　乙は、特定個人情報等を甲の機密事項としてその保護に努め、これを適法かつ適切に管理・取り扱うものとする。

（利用目的）
第３条　乙は、特定個人情報等を、本件業務の遂行のためにのみ利用するものとし、番号法により例外的取扱いができる場合を除き、その他の目的には利用しないものとする。

（第三者への非開示等）
第４条　乙は、特定個人情報等を、両当事者以外の第三者に開示又は漏えいしないものとする。
２．　乙は、特定個人情報等の紛失、破壊、改ざん、漏えい等の危険に対して、合理的な安全管理措置を講じるものとする。

（特定個人情報等の持出し）
第５条　乙は、特定個人情報等の記録された磁気媒体等又は書類等を持ち出す場合は、安全管理措置を講じるものとする。
２．　乙は、特定個人情報等の記録された磁気媒体等又は書類等を持ち帰る場合についても、前項に準じた安全管理措置を講じるものとする。

（従業者に対する監督・教育）
第６条　乙は、従業者が特定個人情報等を取り扱うにあたり、必要かつ適切な監督を行うものとする。
２．　乙は、従業者に対し、特定個人情報等の適正な取扱いを周知徹底するとともに適切な教育を行うものとする。

（再委託）
第７条　乙は、本件業務に関する特定個人情報等の取扱いを、甲の許諾を得た場合に限り第三者に再委託できるものとする。
２．　乙は、甲の許諾を得て第三者に本件業務に関する特定個人情報等の取扱いを再委託する場合においても、当該第三者に対し本合意書と同様の義務を課すものとし、当該第三者の行為につき、甲に対し当該第三者と連帯して責めを負うものとする。

（管理状況の報告・調査）
第８条　乙は、本件業務に関する特定個人情報等の管理状況について、甲の求めに応じ報告しなければならない。
２．　甲は、本件業務に関する特定個人情報等の管理状況を調査することができる。

（事故発生時の措置）
第９条　乙は、万が一特定個人情報等の紛失、破壊、改ざん、漏えい等の事故が発生した場合には、直ちに甲に通知するとともに、当該事故による損害を最小限にとどめるために必要な措置を、自らの責任と負担で講じるものとする。
２．　前項の場合には、乙は、発生した事故の再発を防ぐため、その防止策を検討し、甲と協議の上決定した防止策を、自らの責任と負担で講じるものとする。
３．　万が一、乙において特定個人情報等の紛失、破壊、改ざん、漏えい等の事故が発生し、甲が第三者より請求を受け、また第三者との間で紛争が生じた場合には、乙は甲の指示に基づき、自らの責任と負担でこれに対処するものとする。この場合、甲が損害を被った場合には、甲は乙に対して当該損害の賠償を請求できるものとする。

（特定個人情報等の返還）
第10条　乙は、甲からの本件業務の委託が終了したときは、速やかに甲から提供された特定個人情報等及びその複製物を返還するとともに、磁気媒体等に記録した特定個人情報等がある場合には、これを完全に削除し、以後特定個人情報等を保有しないものとする。
２．　前項の規定に関わらず、乙は、本人である甲、税務当局等からの本件業務に関する内容の照会、情報提供の要請等（以下「内容照会等」という。）に対応するために必要がある場合には、甲の許諾を得て、当該内容照会等を処理する期間を限度として、特定個人情報等を保有することができる。

上記合意の証として本書２通を作成し、甲乙記名捺印の上、各１通を保有する。

平成　　年　　月　　日　　　甲

乙

Q6　本人の同意があれば、特定個人情報を第三者に提供することはできますか。

A　**特定個人情報は、本人の同意があったとしても、番号法19条各号のいずれかに該当する場合を除き、提供することはできません。**

個人情報保護法においては、個人情報取扱事業者は、法令に基づく場合やあらかじめ本人の同意を得た場合等の一定の場合には、個人データを第三者に提供することができます（個情法23①）。また、いわゆるオプトアウトによる第三者提供も認めています（個情法23②、新個情法23②）。

一方、番号法においては、この個人情報保護法における第三者提供の規定（個情法23）を適用除外にしています。そして、何人も、番号法19条各号のいずれかに該当する場合を除き、特定個人情報の提供をしてはならないこととしています（番号法19）（特定個人情報の提供制限）。

したがって、特定個人情報を提供する場合には、番号法における特定個人情報の提供制限規定に従うこととなります。

1　個人データの第三者提供

1　原則

個人データは、原則として、法令に基づく場合やあらかじめ本人の同意を得た場合等の一定の場合に第三者への提供が認められています（個情法23①）（第２章Ⅲ参照）。

2　オプトアウトによる提供

個人データの第三者提供は、いわゆるオプトアウトによる第三者提供が認められています（個情法23②、新個情法23②）（第２章Ⅲ参照）。すなわち、個人情報取扱事業者は、第三者に提供される個人データ（要配慮個人情報を除きます。）について、本人の求めに応じて、その本人が識別される個人データの第三者への提供を停止することとしている場合であって、一定の事項について、個人情報保護委員会規則で定めるところにより、あらかじめ、本人に通知し、又は本人が容易に知り得る状態に置くとともに、個人情報保護委員会に届け出たときは、上記1にかかわらず、その個人データを第三者に提供することができます。

3 第三者に該当しない場合

以下に掲げる場合において、その個人データの提供を受ける者は、上記1、2（個情法23①～④）の適用については、第三者に該当しないものとされます（個情法23④、新個情法23⑤）。

①	個人情報取扱事業者が利用目的の達成に必要な範囲内において個人データの取扱いの全部又は一部を委託することに伴って当該個人データが提供される場合
②	合併その他の事由による事業の承継に伴って個人データが提供される場合
③	特定の者との間で共同して利用される個人データが当該特定の者に提供される場合であって、その旨並びに共同して利用される個人データの項目、共同して利用する者の範囲、利用する者の利用目的及び当該個人データの管理について責任を有する者の氏名又は名称について、あらかじめ、本人に通知し、又は本人が容易に知り得る状態に置いているとき

2 特定個人情報の提供制限と個人データの第三者提供

1 適用関係

番号法においては、特定個人情報に関して、個人情報保護法の規定の一部を適用除外としており、その規定の一つに、上記**1**の個人データの第三者提供規定（個情法23）が含まれています（番号法30③）。

その上で、番号法では、何人も、番号法19条各号のいずれかに該当する場合を除き、特定個人情報の提供をしてはならないこととしています（番号法19）。

したがって、特定個人情報を提供については、個人情報保護法の個人データの第三者提供規定は適用されないことから、本人の同意があったとしても、番号法19条各号のいずれかに該当しない場合には、特定個人情報を提供することはできません。

2 特定個人情報の提供制限

特定個人情報は、原則として、提供することはできませんが、以下に掲げる場合には、その提供をすることができます（番号法19）。

＜特定個人情報を提供できる場合＞

① 個人番号利用事務実施者からの提供（第１号）
② 個人番号関係事務実施者からの提供（第２号）
③ 本人又は代理人からの提供（第３号）
④ 地方公共団体情報システム機構からの提供（第４号）
⑤ 委託又は合併に伴う提供（第５号）
⑥ 住民基本台帳法の規定による提供（第６号）
⑦ 情報提供ネットワークシステムを利用した提供（法定事務）（第７号）
⑧ 情報提供ネットワークシステムを利用した提供（独自利用事務）（第８号）
⑨ 国税及び地方税連携による提供（第９号）
⑩ 地方公共団体内の機関間による提供（第10号）
⑪ いわゆる「ほふり」による提供（第11号）
⑫ 個人情報保護委員会に対する提供（第12号）
⑬ 各議院の審査等その他政令で定める公益上の必要があるときの提供（第13号）
⑭ 人の生命、身体又は財産の保護のために必要があるときの提供（第14号）
⑮ 番号法第19条第１号から第14号までの準ずるものとして個人情報保護委員会規則で定めるときの提供（第15号）

以下、事業者に関係があるものを説明します。

❶　個人番号利用事務実施者からの提供（第１号）

個人番号利用事務実施者は、個人番号利用事務を処理するために必要な限度で、本人、その代理人又は個人番号関係事務実施者に対し、特定個人情報を提供することができます。

例えば、市町村長から、事業者に対し、その事業者の従業員等の住民税に関する特別徴収税額を通知する際に個人番号も併せて通知する場合等が考えられます。

❷　個人番号関係事務実施者からの提供（第２号）

個人番号関係事務実施者は、個人番号関係事務を処理するために必要な限度で特定個人情報を提供することができます。

これは、事業者が特定個人情報を提供する場合に最も関係する規定であり、例えば、従業員等に係る給与所得の源泉徴収票、健康保険・厚生年金保険被保険者資格取得届等を税務署長、日本年金機構等に提出する場合等が該当します。

❸　本人又は代理人からの提供（第３号）

本人又はその代理人は、個人番号利用事務実施者又は個人番号関係事務実施者に対し、その本人の個人番号を含む特定個人情報を提供することができます。

これは、例えば、本人が、自らの個人番号を記載した所得税確定申告書を税務署長に対し提出する場合等が該当します。

また、税理士が、税務代理人として、納税者の所得税確定申告書にその納税者の個人番号を記載して税務署長に対し提出する場合も、この規定を根拠として、特定個人情報を提供することとなります。

❹　委託又は合併に伴う提供（第５号）

特定個人情報の取扱いの全部若しくは一部の委託又は合併その他の事由による事業の承継に伴う場合に特定個人情報を提供することができます。

例えば、親会社が子会社に対し、その親会社の従業員等に係る源泉徴収票作成事務を委託する場合に、その子会社に対し特定個人情報を提供する場合等が該当します。

❺　個人情報保護委員会に対する提供（第12号）

個人情報保護委員会は、番号法35条１項により報告及び立入検査権が与えられていますが、この規定に基づいて事業者が特定個人情報の提供を求められた場合には、特定個人情報を提供することとなります。

❻　各議院の審査等その他政令で定める公益上の必要があるときの提供（第13号、番号令26、番号令別表）

各議院若しくは各議院の委員会若しくは参議院の調査会が行う審査若しくは調査、訴訟手続その他の裁判所における手続、裁判の執行、刑事事件の捜査、租税に関する法律の規定に基づく犯則事件の調査又は会計検査院の検査が行われるとき、その他政令で定める公益上の必要があるときに、特定個人情報を提供することができます。

事業者が、この規定を根拠として、特定個人情報を提供する場合は、公益上の必要があるときとして政令で定められている「租税に関する法律又はこれに基づく条例の規定による質問、検査、提示若しくは提出の求め又は協力の要請が行われるとき」（番号令別表八）が最も多い場合であると考えられます。すなわち、事業者に対する税務調査において、従業員等の源泉所得税に関する質問検査を受けた際に、従業員等の特定個人情報を提供する場合が該当します。

●疑問に回答！●

「特定個人情報を提供できる場合」（番号法19各号）には、「本人と代理人との間の特定個人情報の提供」が掲げられていませんが、本人・代理人間は特定個人情報を提供することはできないのでしょうか？

●●●●●

番号法19条各号には、「本人と代理人との間の特定個人情報の提供」に関する規定がないことから、これだけみると、本人は、代理人に対して、本人の個人番号を含む特定個人情報を提供できないようにみえます。

しかし、番号法19条３号においては、代理人が、個人番号利用事務等実施者に対して、本人の個人番号を含む特定個人情報の提供を認めています。このことからすると、番号法では、本人・代理人間での特定個人情報の提供は当然に認められるものという前提に立っている（番号法19条の適用の範囲外）と考えられます。

したがって、本人・代理人間で特定個人情報を提供することはできます。

なお、代理には、法定代理と任意代理がありますが、任意代理の場合は、番号法19条５号（委託による提供）を根拠とすることも考えられます。しかし、そのように考えると、法定代理との関係で整合的な説明ができません。すなわち、法定代理は当事者間の関係が委託関係ではないことから、番号法19条５号を根拠とすることはできないからです。

したがって、法定代理でも任意代理でも、本人・代理人間の特定個人情報の提供は、番号法19条の適用の範囲外として、当然に認められるものと考える方がよいでしょう。

3　税務関係書類の提出と第三者提供

税務関係書類については、特定個人情報が記載されている場合もあれば、単に個人情報のみが記載されている場合もあります。

例えば、源泉徴収票（税務署提出用）には、従業員等の個人番号を記載すべきこととなっており、個人番号が記載された源泉徴収票は特定個人情報に該当することになります。

この従業員等の個人番号が記載された源泉徴収票の税務署への提出は、所得税法の規定に基づいて行われるものであり、「個人番号関係事務」に該当することから、番号法19条２号を根拠に、税務署に提出することになります。

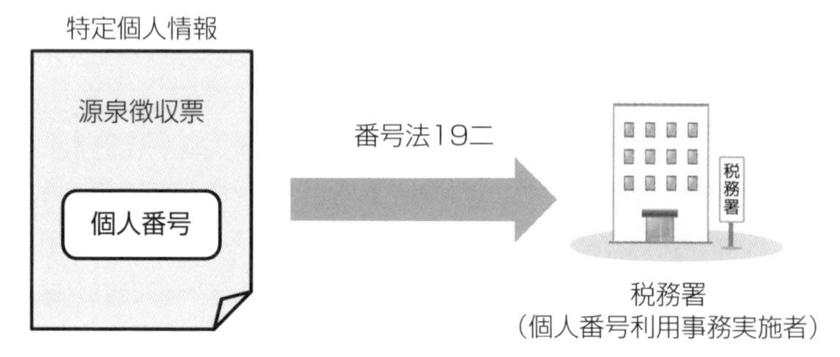

一方で、従業員等から個人番号の提供を受けることができず、個人番号を記載することができなかった源泉徴収票については、特定個人情報に該当しません。この場合、単に、個人情報が記載されている税務関係書類ということになります。通常、源泉徴収票は給与システムやソフトウエア等のデータベースから作成することから、「個人データ」に該当するものと考えられます。

個人データの第三者提供は、「法令に基づく場合」は特段本人の同意がなくても第三者提供ができるようになっています。単なる個人情報のみが記載された源泉徴収票の税務署への提出は、所得税法の規定に基づいて行われるものであり、「法令に基づく場合」に該当することから、特段本人の同意は必要なく、税務署に提出することができます。

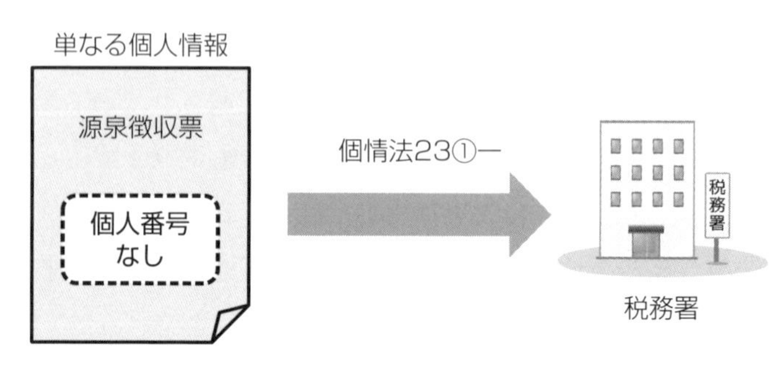

その他、この「法令に基づく場合」には、国税通則法74条の２等の税務当局による質問検査権の行使に応じた個人情報の提供などが該当します。

4 第三者提供における「第三者」と税理士業務

1 委託の除外

税理士が税理士業務を行うに当たっては、例えば、顧問先企業等の従業員等に関する個人情報や支払調書の対象となる支払先に関する個人情報などを、顧問先企業等とやりとりすることとなります。

個人情報保護法では、個人データの第三者提供における「第三者」からは、上記**1** 3 表中①のとおり、「個人データの取扱いの全部又は一部を委託することに伴って当該個人データが提供される場合」におけるその個人データの提供を受ける者が除かれています（個情法23④一、新個情法23⑤一）。

したがって、委託契約に基づいて、顧問先企業等から個人データの提供を受ける場合には、本人の同意を得ることなく、提供を受けることができます。また、当然、その提供を受けた個人データを顧問先企業等に戻すこともできます。

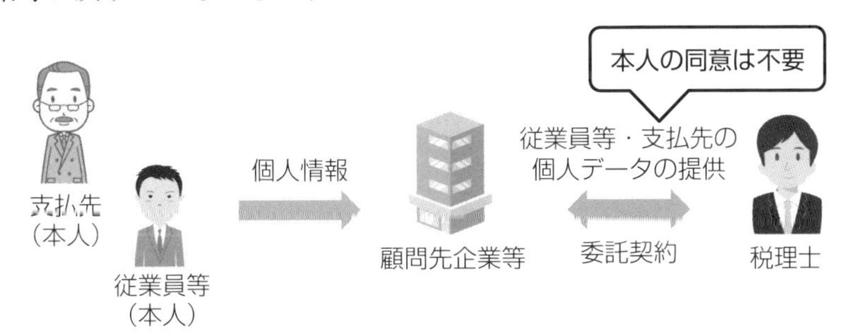

なお、特定個人情報の取扱いについては、この個人情報保護法の第三者提供の規定は適用除外とされていますが、顧問先企業等と税理士の間での特定個人情報の提供は、税理士が顧問先企業等から税務代理

の委嘱を受けた場合には、顧問先企業等と税理士は一体的なものとして当然に行うことができ、また、税理士が顧問先企業等から税務書類の作成の委嘱のみを受けた場合には番号法19条５号の「特定個人情報の取扱いの全部若しくは一部の委託…（略）…に伴い特定個人情報を提供するとき」を根拠に行うことができます。

2 承継の除外

税理士が税理士業務を行うに当たっては、例えば、他の税理士に係る税理士業務の承継を行って、顧問先企業等の従業員等に関する個人情報や支払調書の対象となる支払先に関する個人情報などを、他の税理士とやりとりすることが考えられます。

個人情報保護法では、個人データの第三者提供における「第三者」からは、上記１３表中②のとおり、「合併その他の事由による事業の承継に伴って個人データが提供される場合」におけるその個人データの提供を受ける者が除かれています（個情法23④二、新個情法23⑤二）。

したがって、税理士が他の税理士に係る税理士業務の承継を受けた場合において、上記の事業の承継に該当するときは、他の税理士から事業の承継を受けた税理士への個人データの提供は、本人の同意を得ることなく行うことができます。

なお、特定個人情報の取扱いについては、この個人情報保護法の第三者提供の規定は適用除外とされていますが、番号法19条５号の「…（略）…合併その他の事由による事業の承継に伴い特定個人情報を提供するとき」でいう事業の承継に該当する場合は、特定個人情報の提供を行うことができます。

Q7　個人番号が記載された源泉徴収票を税務署に提出した場合でも、第三者提供に係る記録を作成しなければなりませんか。

A　**個人番号が記載された源泉徴収票を提出する場合などのように特定個人情報を提供する場合、第三者提供に係る記録の作成は必要ありません。**

個人情報保護法においては、個人情報取扱事業者は、個人データを第三者に提供したときは、第三者提供に係る記録を作成しなければならないとしています（新個情法25）。

一方、番号法においては、特定個人情報に関して、第三者提供に係る記録の作成の規定（新個情法25）を適用除外としています（新番号法30③）。

したがって、特定個人情報を提供する場合には、第三者提供に係る記録の作成は必要ありません。

1　第三者提供に係る記録の作成

個人情報取扱事業者は、個人データを第三者に提供したときは、当該個人データを提供した年月日、当該第三者の氏名又は名称その他の個人情報保護委員会規則で定める事項に関する記録を作成しなければなりません（新個情法25①）。

ただし、その個人データの提供が、法令に基づく場合等（個情法23①各号の場合）や第三者提供の制限（個情法23）における第三者に該当しない場合（新個情法23⑤各号の場合）には、第三者提供に係る記録の作成は必要ありません（新個情法25①ただし書）。

2　特定個人情報の提供と第三者提供に係る記録

番号法においては、特定個人情報に関して、個人情報保護法の規定の一部を適用除外としており、その規定の１つに、上記**1**の第三者提供に係る記録の作成義務（新個情法25）が含まれています（新番号法30③）。

したがって、特定個人情報の提供については、第三者提供に係る記録の作成は必要ありません。例えば、個人番号が記載されている源泉徴収票を税務署に提出した場合でも、第三者提供に係る記録の作成は必要ありません。

3 第三者提供に係る記録の適用除外と税務関係書類

1 国の機関等の除外

第三者提供に係る記録における「第三者」については、その範囲から以下の者が除かれています（新個情法25①）。

① 国の機関（個情法２⑤一）
② 地方公共団体（個情法２⑤二）
③ 独立行政法人等（個情法２⑤三）
④ 地方独立行政法人（個情法２⑤四）

そのため、個人データをこれらの者に対して提供したとしても、第三者提供に係る記録を作成する必要はありません。

したがって、個人データである個人情報のみが記載された税務関係書類（特定個人情報に該当しない税務関係書類）を税務署に提出する場合において、法令に基づかない税務関係書類の提出（任意の提出）をしたときでも、税務署は「第三者」から除かれていることから、第三者提供に係る記録を作成する必要はありません（法令に基づく場合は下記２参照）。

2 法令に基づく場合等の除外

第三者提供に係る記録については、以下の場合に該当するときは行わなくてよいこととなっています（新個情法25①）。

① 法令に基づく場合
② 人の生命、身体又は財産の保護のために必要がある場合であって、本人の同意を得ることが困難であるとき。
③ 公衆衛生の向上又は児童の健全な育成の推進のために特に必要がある場合であって、本人の同意を得ることが困難であるとき。
④ 国の機関若しくは地方公共団体又はその委託を受けた者が法令の定める事務を遂行することに対して協力する必要がある場合であって、本人の同意を得ることにより当該事務の遂行に支障を及ぼすおそれがあるとき。

したがって、個人データである個人情報のみが記載された税務関係書類（特定個人情報に該当しない税務関係書類）の提出を行っても、それが上記に該当する場合には、第三者提供に係る記録を作成する必要はありません。

例えば、源泉徴収票の税務署への提出は「法令に基づく場合」に該当することとなることから、個人番号が記載されていない源泉徴収票を税務署へ提出しても、第三者提供に係る記録を作成する必要はありません（この場合は、上記 1 にも該当することになります。）。

3 委託等の除外

第三者提供に係る記録については、以下の場合に該当するときは行わなくてよいこととなっています（新個情法25①）。

① 個人情報取扱事業者が利用目的の達成に必要な範囲内において個人データの取扱いの全部又は一部を委託することに伴って当該個人データが提供される場合

② 合併その他の事由による事業の承継に伴って個人データが提供される場合

③ 特定の者との間で共同して利用される個人データが当該特定の者に提供される場合であって、その旨並びに共同して利用される個人データの項目、共同して利用する者の範囲、利用する者の利用目的及び当該個人データの管理について責任を有する者の氏名又は名称について、あらかじめ、本人に通知し、又は本人が容易に知り得る状態に置いているとき。

そのため、これらの場合に該当する個人データの提供は、第三者提供に係る記録を作成する必要はありません。

したがって、委託契約に基づいて、顧問先企業等に個人データを提供しても、第三者提供に係る記録の作成は必要ありません。

Q8　顧問先企業等から個人データである特定個人情報の提供を受けるに際しては、その顧問先企業等に対し、その個人データの取得の経緯などを確認したり、確認に関する記録を作成したりしないといけませんか。

A　**個人データである特定個人情報の提供を受ける場合、第三者提供を受ける際の確認等は必要ありません。**

個人情報保護法においては、個人情報取扱事業者は、第三者から個人データの提供を受けるに際しては、個人情報保護委員会規則で定めるところにより、一定の事項の確認を行わなければならないとしています。また、その確認に関する記録を作成しなければなりません（新個情法26）。

一方、番号法においては、特定個人情報に関して、第三者提供を受ける際の確認等の規定（新個情法26）を適用除外としています（新番号法30③）。

したがって、特定個人情報の提供を受ける場合には、第三者提供を受ける際の確認等は必要ありません。

1　第三者提供を受ける際の確認等

個人情報取扱事業者は、第三者から個人データの提供を受けるに際しては、個人情報保護委員会規則で定めるところにより、以下の事項の確認を行わなければなりません（新個情法26①）。

①　その第三者の氏名又は名称及び住所並びに法人にあっては、その代表者（法人でない団体で代表者又は管理人の定めのあるものにあっては、その代表者又は管理人）の氏名
②　その第三者による当該個人データの取得の経緯

ただし、その個人データの提供が、法令に基づく場合等（個情法23①各号の場合）や第三者提供の制限（個情法23）における第三者に該当しない場合（新個情法23⑤各号の場合）には、第三者提供を受ける際の確認等は必要ありません（新個情法26①ただし書）。

また、個人情報取扱事業者は、上記の確認を行ったときは、個人情報保護委員会規則で定めるところにより、その個人データの提供を受けた年月日、その確認に係る事項その他の個人情報保護委員会規則で定める事項に関する記録を作成しなければなりません（新個情法26③）。

2 特定個人情報の提供と第三者提供を受ける際の確認等

番号法においては、特定個人情報に関して、個人情報保護法の規定の一部を適用除外としており、その規定の一つに、上記**1**の第三者提供を受ける際の確認等（新個情法26）が含まれています（新番号法30③）。

したがって、特定個人情報の提供については、第三者提供を受ける際の確認等は必要ありません。

3 第三者提供を受ける際の確認等の適用除外と税務関係書類

1 国の機関等の除外

第三者提供を受ける際の確認等における「第三者」については、本章ⅢＱ７と同様に、国の機関等がその範囲から除かれています（新個情法26①）（本章ⅢＱ７の**3** 1 参照）。

2 法令に基づく場合等の除外

第三者提供を受ける際の確認等については、本章ⅢＱ７と同様に、法令に基づく場合等に該当するときは行わなくてよいこととなっています（新個情法26①）（本章ⅢＱ７の**3** 2 参照）。

3 委託等の除外

第三者提供を受ける際の確認等については、本章ⅢＱ７と同様に、委託に伴う個人データの提供等の場合に該当するときは行わなくてよいこととなっています（新個情法26①）（本章ⅢＱ７の**3** 3 参照）。

したがって、委託契約に基づいて、顧問先企業等から個人データの提供を受けても、第三者提供を受ける際の確認等は必要ありません。

Ⅳ 保有個人データに関するルールとマイナンバー

Q1　保有個人データに関する規定は、特定個人情報においても適用がありますか。

A　保有している特定個人情報が保有個人データに該当する場合には、保有個人データに関する規定の適用があります。

個人情報保護法においては、保有個人データに関する規定として、「保有個人データに関する事項の公表等」（新個情法27、個情法24）、「開示」（新個情法28、個情法25）、「訂正等」（新個情法29、個情法26）、「利用停止等」（新個情法30、個情法27）の規定が設けられています（詳細は第２章Ⅳ参照）。また、これらに関する手続規定等として、「理由の説明」（新個情法31、個情法28）、「開示等の請求等に応じる手続」（新個情法32、個情法29）、「手数料」（新個情法33、個情法30）、「事前の請求」（新個情法34）の規定が設けられています（詳細は第２章Ⅳ参照）。

一方、番号法においては、個人情報保護法のこれらの規定（新個情法27～34、個情法24～30）を適用除外にしていません。ただし、「利用停止等」（新個情法30、個情法27）の規定のうち、第三者提供の停止に関する規定の一部について、番号法において読替規定があります。

したがって、保有個人データである特定個人情報を取り扱う場合には、基本的には、個人情報保護法におけるこれらの規定に従うこととなります。ただし、第三者提供の停止に関する規定については、番号法により読み替えて適用される個人情報保護法における規定に従うこととなります。

1 保有個人データ

保有個人データとは、個人情報保護法上、以下のとおり、規定されています（詳細について、第２章Ⅰ参照）。

> （定義）
> 新個情法２条　（略）
> ７　この法律において「保有個人データ」とは、個人情報取扱事業者が、開示、内容の訂正、追加又は削除、利用の停止、消去及び第三者への提供の停止を行うことのできる権限を有する個人データであって、その存否が明らかになることにより公益その他の利益が害されるものとして政令で定めるもの又は１年以内の政令で定める期間《６月》以内に消去することとなるもの以外のものをいう。
>
> （《６月》は筆者挿入）

このように、「保有個人データ」に該当するかどうかは、個人情報取扱事業者が、その保有する個人データ（個人情報データベース等を構成する個人情報）について、開示、内容の訂正、追加又は削除、利用の停止、消去及び第三者への提供の停止（以下「開示等」といいます。）を行うことのできる権限を有するかどうかがポイントとなります。

この場合の「開示等を行うことのできる権限を有する」とは、「開示等の全てに応じることができる権限を有する」ことを意味します（個情法ガイドライン（通則編）２－７）。

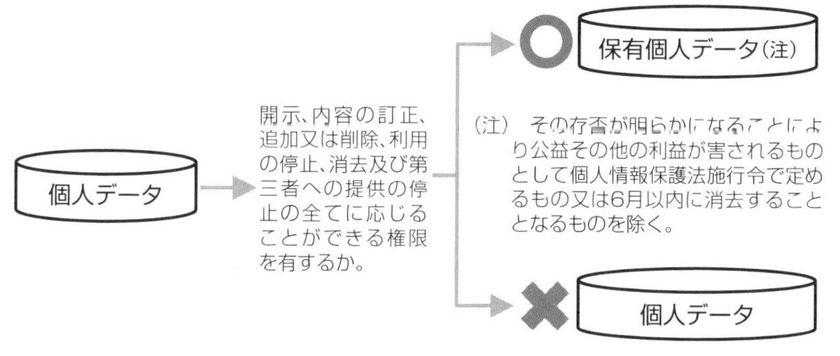

また、個人データの取扱いについて、委託等により複数の個人情報

取扱事業者が関わる場合には、契約等の実態によって、どの個人情報取扱事業者が開示等に応じる権限を有しているのかについて判断することになります。

例えば、ある個人情報取扱事業者が、他の個人情報取扱事業者に対して、個人データの取扱いを委託した場合において、その委託を受けた個人情報取扱事業者に開示等に応じる権限を与えた場合には、その委託を受けた個人情報取扱事業者が保有する個人データは「保有個人データ」に該当することとなります（その存否が明らかになることにより公益その他の利益が害されるものとして個人情報保護法施行令で定めるもの又は6月以内に消去することとなるものを除きます。）。

2　保有個人データと特定個人情報

事業者が、従業員等の源泉徴収票作成事務や健康保険・厚生年金保険届出事務などの個人番号関係事務を行う場合には、一般的には、それらの事務のために従業員等の特定個人情報をデータベース化している場合が多いと考えられます。また、事業者は、従業員等本人又は代理人から請求される開示等のすべてに応じることができる権限を有すると考えられることから、通常、従業員等の特定個人情報は「個人データ」及び「保有個人データ」に該当するのが一般的であると考えられます。

そして、保有個人データである特定個人情報についても、個人情報保護法における保有個人データに関する規定（「保有個人データに関する事項の公表等」（新個情法27、個情法24）、「開示」（新個情法28、個情法25）、「訂正等」（新個情法29、個情法26）、「利用停止等」（新個情法30、個情法27）等）が適用されることから、事業者はこれらの規定に対応する必要があります。ただし、第三者提供の停止に関する規定については、番号法により読み替えて適用される個人情報保護法における規定に従うこととなります（本章ⅣQ2参照）。

保有個人データである特定個人情報

個人情報保護法における保有個人データに関する規定の適用あり
※ただし、第三者提供の停止に関する規定については、番号法により読み替えて適用される個人情報保護法の規定の適用

3　保有個人データと税理士業務

税理士は、税理士業務を行うに当たって、個人データを保有することになると考えられますが、それが「保有個人データ」に該当するどうかは、業務内容や顧問先企業等との契約内容によることになると考えられます。

例えば、納税者から所得税確定申告に関する委嘱を受けた場合において、その納税者本人の個人情報を所得税システム等に入力してデータベース化して利用するときは、その個人情報は「個人データ」に該当することになります。そして、税理士は、通常、その個人データについて納税者本人又は代理人から請求される開示等の全てに応じることができる権限を有すると考えられることから、「保有個人データ」に該当すると考えられます。

一方、顧問先企業等の年末調整業務を行うに当たって、その顧問先企業等の従業員等に関する個人情報データベース等を保有する場合、その個人データについて従業員本人又は代理人から請求される開示等のすべてに応じることができる権限を有するかどうかは、顧問先企業等との契約内容によることになると考えられます。

Q２　特定個人情報においても、開示請求、訂正等請求、利用停止等請求はできますか。

A　**保有個人データである特定個人情報においても、開示請求、訂正等請求、利用停止等請求を行うことが可能です。**

個人情報保護法においては、本人は、個人情報取扱事業者に対し、以下の請求ができます。

① その本人が識別される保有個人データの開示を請求（以下「開示請求」といいます。）することができます（新個情法28、個情法25）。

② その本人が識別される保有個人データの内容が事実でないときは、その内容の訂正、追加又は削除（以下「訂正等」といいます。）を請求（以下「訂正等請求」といいます。）することができます（新個情法29、個情法26）。

③ その本人が識別される保有個人データが、利用目的による制限規定（個情法16）に違反して取り扱われているとき又は適正取得の規定（個情法17）に違反して取得されたものであるときは、その保有個人データの利用の停止又は消去（以下「利用停止等」といいます。）を請求することができます（新個情法30①②、個情法27①）。

④ その本人が識別される保有個人データが第三者提供の制限（個情法23①）又は外国にある第三者への提供の制限（個情法24）の規定に違反して第三者に提供されているときは、その保有個人データの第三者への提供の停止を請求（以下、上記③の請求とあわせて「利用停止等請求」といいます。）することができます（新個情法30③、個情法27②）。

一方、番号法においては、個人情報保護法のこれらの規定（新個情法28～30、個情法25～27）を適用除外にしていません。ただし、第三者提供の停止に関する規定（上記④）の一部について、番号法において読替規定があります。

したがって、保有個人データである特定個人情報を取り扱う場合には、基本的には、個人情報保護法におけるこれらの規定に従うこととなります。ただし、第三者提供の停止に関する規定（上記④）については、番号法により読み替えて適用される個人情報保護法における規定に従うこととなります。

なお、基本的な取扱いは、通常の個人情報の場合と同じであることから、この項目では、特定個人情報特有の論点のみ説明し、その他については、第２章Ⅳを参照してください。

1　特定個人情報の提供と開示請求

特定個人情報は、番号法で限定的に定めている場合のみ提供することができ、通常の個人情報の場合よりもその提供が厳しく制限されています。すなわち、何人も、番号法19条各号に定める場合のみ、特定個人情報を提供することができます（番号法19）。

この番号法19条各号には、特定個人情報を提供することができる場合が規定されていますが、「本人から開示請求があった場合」は規定されていません（第３章ⅢＱ６参照）。これだけをみると、本人から、特定個人情報について開示請求があった場合でも、本人にその特定個人情報を開示することはできないのではないかという疑義が生じます。

この点について、マイナンバーガイドラインにおいては、「番号法第19条各号に定めはないものの、法の解釈上当然に特定個人情報の提供が認められるべき場合であり、特定個人情報を提供することができる。」とされています。したがって、本人は、事業者に対して、保有個人データである特定個人情報の開示請求をすることができます（新個情法28①、個情法25①）。事業者においては、本人から開示請求があった場合には、不開示事由がある場合を除き、保有個人データである特定個人情報を開示しなければなりません（新個情法28②、個情法25①）。

番号法19条各号
① 個人番号利用事務実施者からの提供（第1号）
② 個人番号関係事務実施者からの提供（第2号）
③ 本人又は代理人からの提供（第3号）
・
・
・
⑮ 番号法第19条第1号から第14号までの準ずるものとして個人情報保護委員会規則で定めるときの提供（第15号）

番号法第19条各号に定めはないものの、法の解釈上当然に特定個人情報の提供が認められるべき場合であり、特定個人情報を提供することができる。

※訂正等請求、利用停止等請求においても同様です。

番号法19条各号には、開示請求の規定がない。

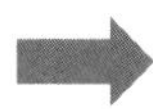

特定個人情報について開示請求があった場合、本人に開示することはできない？？？

なお、この考え方は、訂正等請求、利用停止等請求においても同様であるであることから、本人は、個人情報取扱事業者に対して、保有個人データである特定個人情報の訂正等請求、利用停止等請求を行うことができます（利用停止等請求のうち「第三者提供の停止」については、下記**3**を参照）。そして、事業者においても、一定の場合を除き、訂正等請求、利用停止等請求に応じなければなりません（第2章Ⅳ参照）。

2 源泉徴収票の開示請求

事業者は、所得税法226条１項の規定に基づいて、給与所得の源泉徴収票を２通作成し、１通を税務署長に提出し、他の１通を従業員等本人に交付することになりますが、税務署提出用には従業員等や控除対象配偶者等の個人番号を記載することとなり、従業員等本人交付用には一切個人番号は記載されないこととなります。

これについて、従業員等が、何らかの理由で税務署提出用の給与所得の源泉徴収票（個人番号が記載された源泉徴収票）を利用したいという場合、事業者に対して開示請求することが考えられます。事業者は、その源泉徴収票が保有個人データに該当する場合には、その従業員等本人にその源泉徴収票を開示することになります。

ここで問題なのは、給与所得の源泉徴収票には、従業員等の控除対象配偶者等の個人番号が記載されている場合があるという点です。すなわち、控除対象配偶者等の個人番号は、従業員等が事業者に提供したものであるものの、従業員等本人の個人番号ではないことから、従業員等に開示して良いのか疑義の生ずるところです。

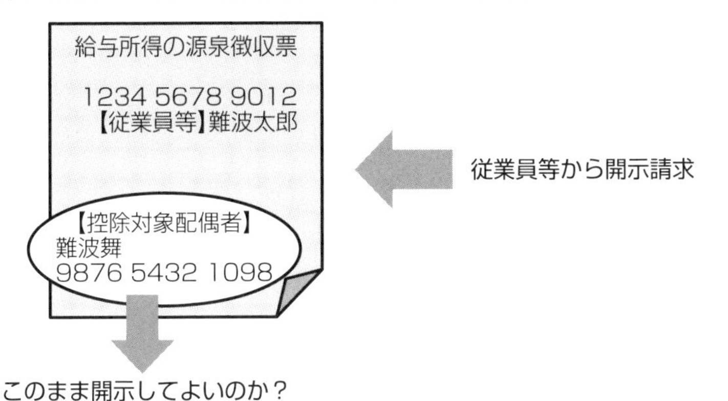

この点、個人情報保護法においては、以下のとおり不開示にできる場合を規定しています（新個情法28②、個情法25①）。

> （開示）
> 新個情法28条　（略）
> 2　個人情報取扱事業者は、前項の規定による請求を受けたときは、本人に対し、政令で定める方法により、遅滞なく、当該保有個人データを開示しなければならない。ただし、開示することにより次の各号のいずれかに該当する場合は、その全部又は一部を開示しないことができる。
> 一　本人又は第三者の生命、身体、財産その他の権利利益を害するおそれがある場合

> 二　当該個人情報取扱事業者の業務の適正な実施に著しい支障を及ぼすおそれがある場合
> 三　他の法令に違反することとなる場合

上記不開示事由に該当する場合は、その保有個人データの全部又は一部を開示しないことができますが、上記不開示事由のうち③の「他の法令に違反することとなる場合」に該当するときは、事業者側に開示するかしないかの判断権はなく、開示することは「できない」ということになります。控除対象配偶者等の個人番号が記載された給与所得の源泉徴収票について、そのまま従業員等に開示することが、番号法に違反（例えば番号法19条に違反）するかどうかは議論の余地があるところですが、仮に「違反する」という前提に立つと、事業者は、控除対象配偶者等の個人番号部分は従業員等に開示することはできず、不開示にする必要があります。

これについて、従業員等は、控除対象配偶者等の個人番号部分も開示してほしいのであれば、従業員等が控除対象配偶者等の代理人になり、事業者に対して開示請求すればよいと考えられます。事業者は、代理人の開示請求として正当なものであるならば、代理人である従業員等に控除対象配偶者等の個人番号部分を開示することができることとなります。

3　特定個人情報の提供と第三者提供の停止

個人情報保護法においては、本人は、個人情報取扱事業者に対し、その本人が識別される保有個人データが第三者提供の制限（個情法23①）又は外国にある第三者への提供の制限（新個情法24）の規定に違反して第三者に提供されているときは、その保有個人データの第三者への提供の停止を請求することができます（新個情法30③）。

一方で、第３章Ⅱ（Ｑ７）及びⅢ（Ｑ６）で確認したとおり、番号法においては、外国にある第三者への提供の制限（新個情法24）や第三者提供の制限（個情法23）の規定を適用除外（番号法30③）にした上で、特定個人情報の提供制限（番号法19）の規定を設け、特定個人情報を提供できる場合を限定的にしています。そのため、保有個人データの第三者への提供の停止を請求することができる場合についても、番号法により読み替えています（番号法30③）。

すなわち、特定個人情報に関しては、本人は、個人情報取扱事業者に対し、その本人が識別される保有個人データである特定個人情報が「番号法19条の規定に違反」して第三者に提供されているときは、その保有個人データである特定個人情報の第三者への提供の停止を請求することができます（番号法30③により読み替えて適用される新個情法30③）。

<参考：番号法による個情法30③の読替え>

個人情報保護法	番号法による読替え
【個情法30③】 本人は、個人情報取扱事業者に対し、当該本人が識別される保有個人データが第23条第１項又は第24条の規定に違反して第三者に提供されているときは、当該保有個人データの第三者への提供の停止を請求することができる。	【読替後個情法30③】 本人は、個人情報取扱事業者に対し、当該本人が識別される保有個人データが行政手続における特定の個人を識別するための番号の利用等に関する法律第19条の規定に違反して第三者に提供されているときは、当該保有個人データの第三者への提供の停止を請求することができる。

Ⅴ 罰則とマイナンバー

Q　番号法にも罰則は定められていますか。

A　番号法にも罰則が定められており、個人情報保護法における類似の刑の上限が引き上げられているほか、正当な理由なく特定個人情報ファイルを提供したとき、不正な利益を図る目的で個人番号を提供、盗用したとき等の規定が設けられ、罰則が強化されています。

個人情報保護法においては、個人情報データベース等不正提供罪（新個情法83）、個人情報保護委員会（以下「委員会」といいます。）からの是正命令違反（新個情法84）、委員会に対する虚偽報告等（新個情法85）の罰則が定められています。

一方、番号法においては、その個人情報保護法における類似の刑の上限が引き上げられ、また、新たな刑を設けて、罰則を強化しています。

したがって、個人番号及び特定個人情報の取扱いについては、個人情報保護法の罰則に加え、番号法の罰則も適用されることとなります。

1 罰則の考え方

個人情報保護法及び番号法の罰則の内容を確認する前に、罰則の考え方をしっかりと押さえておくことが重要です。なぜならば、「番号法により罰則が強化された」ことについて、一部では、「個人番号を漏えいさせたら、即、罰則の適用がある。」という誤解が生まれているからです。

刑法では、原則として、「故意」がない行為は罰しないこととされています（刑法38①本文）。「故意」というのは、「罪を犯す意思」ということです。すなわち、ある行為が「故意」に基づく場合に処罰されることなります。「過失」や「重過失」に基づく場合に処罰されるのは、法律に特別の規定がある場合です（刑法38①ただし書）。

個人情報保護法及び番号法に規定されている罰則の規定は、いずれも故意に基づく行為を処罰するものです。したがって、「故意」が認められるかどうかが重要な判断要素になります。

例えば、安全管理措置をしっかりと講じていたにもかかわらず、「過失」により特定個人情報を漏えいさせてしまった場合、即、罰則の適用があるのではなく、委員会からそれを是正する措置をとるべき旨の勧告、命令を受けることとなります。そして、その命令を受けたにもかかわらず、故意にその措置をとらなかった場合などには、罰則の適用があるということです（新番号法53、番号法56）。

なお、罰則は刑事責任であり、民事責任は別問題です。すなわち、事業者は、個人番号を漏えいさせた場合に、罰則の適用がなかったとしても、本人から損害賠償責任などの民事責任を問われる可能性があります。

2 個人情報保護法における罰則

個人情報保護法における罰則で、事業者に関係するものをまとめると以下のとおりです（新個情法83～85）。

	行為	罰則の内容
①	個人情報取扱事業者（その者が法人（法人でない団体で代表者又は管理人の定めのあるものを含みます。）である場合にあっては、その役員、代表者又は管理人）若しくはその従業者又はこれらであった者が、その業務に関して取	1年以下の懲役又は50万円以下の罰金（新個情法83）

	り扱った個人情報データベース等（その全部又は一部を複製し、又は加工したものを含む。）を自己若しくは第三者の不正な利益を図る目的で提供し、又は盗用したとき	
②	委員会による命令（新個情法42②③）に違反した者	６月以下の懲役又は30万円以下の罰金（新個情法84）
③	次の各号のいずれかに該当する者 一　委員会の報告及び立入検査権限の規定（新個情法40①）による報告若しくは資料の提出をせず、若しくは虚偽の報告をし、若しくは虚偽の資料を提出し、又は当該職員の質問に対して答弁をせず、若しくは虚偽の答弁をし、若しくは検査を拒み、妨げ、若しくは忌避した者 二　委員会の認定個人情報保護団体に対する報告徴収の規定（新個情法56）による報告をせず、又は虚偽の報告をした者	30万円以下の罰金（新個情法85）

上記①の罰則の規定は、日本国外において①の罪を犯した者にも適用されます（新個情法86）。また、法人（法人でない団体で代表者又は管理人の定めのあるものを含みます。以下この項において同じです。）の代表者又は法人若しくは人の代理人、使用人その他の従業者が、その法人又は人の業務に関して、上記①から③までの違反行為をしたときは、行為者を罰するほか、その法人又は人に対しても、各規定の罰金刑が科されます（新個情法87①）。

3　番号法における罰則

番号法における罰則で、事業者に関係するものをまとめると以下のとおりです（新番号法48、49、51、53～55、番号法51、52、54、56～58）。

	行為	罰則の内容
①	個人番号利用事務、個人番号関係事務などに従事する者又は従事していた者が、正当な理由がないのに、その業務に関して取り扱った個人の秘密に属する事項が記録された特定個人情報ファイル（その全部又は一部を複製し、又は加工した特定個人情報ファイルを含む。）を提供したとき	４年以下の懲役若しくは200万円以下の罰金又はこれを併科（新番号法48、番号法51）
②	上記①の者が、その業務に関して知り得た個人番号を自己若しくは第三者の不正な利益を図る目的で提供し、又は盗用したとき	３年以下の懲役若しくは150万円以下の罰金又はこれを併科（新番号法49、番号法52）
③	人を欺き、人に暴行を加え、若しくは人を脅迫する行為により、又は財物の窃取、施設への侵入、不正アクセス行為その他の個人番号を保有する者の管理を害する行為により、個人番号を取得した者	３年以下の懲役又は150万円以下の罰金（新番号法51①、番号法54①）
④	委員会による命令（新番号法34②③、番号法37②③）に違反した者	２年以下の懲役又は50万円以下の罰金（新番号法53、番号法56）
⑤	委員会の報告及び立入検査権限の規定（新番号法35①、番号法38①）による報告若しくは資料の提出をせず、若しくは虚偽の報告をし、若しくは虚偽の資料を提出し、又は当該職員の質問に対して答弁をせず、若しくは虚偽の答弁をし、若しくは検査を拒み、妨げ、若しくは忌避した者	１年以下の懲役又は50万円以下の罰金（新番号法54、番号法57）
⑥	偽りその他不正の手段により通知カード又は個人番号カードの交付を受けた者	６月以下の懲役又は50万円以下の罰金（新番号法55、番号法58）

上記①～③の罰則の規定は、日本国外において①～③の罪を犯した者にも適用されます（新番号法56、番号法59）。法人（法人でない団体で代表者又は管理人の定めのあるものを含みます。以下この項において同じです。）の代表者若しくは管理人又は法人若しくは人の代理人、使用人その他の従業者が、その法人又は人の業務に関して、上記①～⑥の違反行為をしたときは、その行為者を罰するほか、その法人又は人に対しても、各規定の罰金刑が科されます（新番号法57、番号法60）。

【著者略歴】

鈴木　涼介（スズキ　リョウスケ）
個人情報保護委員会事務局総務課 上席政策調査員
税理士
日本税法学会会員

平成16年 税理士法人右山事務所入所
平成18年 税理士登録
平成20年 税理士法人右山事務所役員（社員税理士）就任
平成22年 日税研究賞受賞
（日本税理士会連合会、公益財団法人日本税務研究センター共催）
平成26年 鈴木涼介税理士事務所開設
同年 特定個人情報保護委員会（現 個人情報保護委員会）事務局総務課 上席政策調査員

〔著書〕
『事業者・税理士の疑問を解決　Q&A マイナンバーの本人確認』（共著・清文社）
『税理士のマイナンバー実務』（清文社）
『中小企業とマイナンバーQ&A これだけは知っておきたい実務対応』（清文社）
『和解をめぐる法務と税務の接点』（共著・一般財団法人大蔵財務協会）
『事例にみる税務上の形式基準の判断』（共著・新日本法規出版株式会社）
『新税理士実務質疑応答集（法人税務編個人税務編）』（共著・株式会社ぎょうせい）
「租税行政における Q&A の法的性格とその存在意義」（日税研究賞「入選論文集」33号・公益財団法人日本税務研究センター）
「小規模宅地等の特例の厳格化とその課題－同居親族通達の存置がもたらす不合理な解釈－」（税研163号・公益財団法人日本税務研究センター）　ほか多数

齊藤　圭太（サイトウ　ケイタ）
個人情報保護委員会事務局総務課 政策企画調査官
弁護士（東京弁護士会）

〔取扱分野〕
企業法務、不動産取引法務、エンターテイメント法務、一般民事（相続）

平成20年 弁護士登録
平成22年 大原法律事務所　入所
平成28年 個人情報保護委員会事務局総務課 政策企画調査官

〔著書〕
『税務を生かす／契約書式・基本規程全集』（共著・ぎょうせい）
『和解をめぐる法務と税務の接点』（共著・一般財団法人大蔵財務協会）　ほか

Q&A 士業のための
改正個人情報保護法とマイナンバー法の対応と接点

2017年 4 月 5 日 発行

著 者 鈴木 涼介／齊藤 圭太 ©

発行者 小泉 定裕

発行所 株式会社 清文社
東京都千代田区内神田1－6－6（MIF ビル）
〒101-0047 電話03(6273)7946 FAX03(3518)0299
大阪市北区天神橋2丁目北2－6（大和南森町ビル）
〒530-0041 電話06(6135)4050 FAX06(6135)4059
URL http://www.skattsei.co.jp/

印刷：奥村印刷㈱

ISBN978-4-433-64317-1